es 1457

edition suhrkamp

Neue Folge Band 457

»José Lezama Lima zu lesen ist eine der härtesten und oft auch ärgerlichsten Tätigkeiten, die es geben kann«, schrieb sein kritischer Bewunderer Julio Cortázar. Beides, Irritation wie produktive Bewunderung, kann schwerlich ausbleiben bei der Lektüre dieser fünf Vorträge, in denen Lezama Lima sich mit der Eigenart des – nicht nur künstlerischen – Ausdrucks Lateinamerikas beschäftigt. Sein beinahe enzyklopädisches Wissen trägt darin, in scheinbar unbekümmertem Wildwuchs, reiche Früchte.

Der durch seinen exzeptionellen Roman *Paradiso* auch in Europa bekannt gewordene kubanische Schriftsteller José Lezama Lima wurde 1910 in Havanna geboren. Er studierte Jura und praktizierte als Rechtsanwalt: Brotberuf des Dichters avantgardistischer Lyrik und Prosa, des Essayisten und Herausgebers der Zeitschrift *Orígenes*. Er starb 1976.

José Lezama Lima
Die amerikanische Ausdruckswelt

Mit einem Vorwort von Carlos Fuentes,
einer Nachbemerkung des Übersetzers und
einem Nachwort von José Prats Sariol

Aus dem Spanischen
von Gerhard Poppenberg

Suhrkamp

Titel der Originalausgabe: *La expresión americana*

edition suhrkamp 1457
Neue Folge Band 457
Erste Auflage 1992

Satz: Hümmer, Waldbüttelbrunn
Druck: Nomos Verlagsgesellschaft, Baden-Baden
Umschlagentwurf: Willy Fleckhaus
Printed in Germany

1 2 3 4 5 6 – 97 96 95 94 93 92

Inhalt

Carlos Fuentes: Lezama Lima auf deutsch

Zu Recht hat der peruanische Kritiker Julio Ortega gesagt, Lezama Lima sei »der am wenigsten traumatisierte Theoretiker der hispanoamerikanischen Kultur«. Sein Bild unserer Kultur ist nämlich nicht das einer Folge von Brüchen, sondern das eines Zusammenhangs. Die oft schroffe Form der politischen Zerstückelung des Kontinents könnte zu dem Schluß führen, unsere gesamte Geschichte sei ein Bruch gewesen. Aber das Interessante an Hispanoamerika ist, daß die politische Zerrissenheit und der mangelnde Zusammenhang der Institutionen den kulturellen Zusammenhang nicht nur verbergen, sondern ihn auch bestärken.

Das hat Lezama als erster in *Die amerikanische Ausdruckswelt* gesehen. Dieses Buch ist eine der großen Untersuchungen der Kultur unseres Kontinents, neben denen der Argentinier Domingo F. Sarmiento und Ezequiel Martínez Estrada, der Mexikaner Alfonso Reyes und José Vasconcelos, der Peruaner Francisco García Calderón und José Carlos Mariátegui, des Dominikaners Pedro Henríquez Ureña, der Kolumbianer Carlos Arturo Torres und Germán Arciniegas, des Uruguayers José Enrique Rodó, des Ecuadorianers Juan Montalvo und des Puertoricaners Eugenio Maria de Hostos. Das ist eine beeindruckende Liste; und ich erwähne sie, um darauf hinzuweisen, daß einerseits die Sorge um unser kulturelles Profil eine lange und reiche Tradition hat und daß andererseits Lezama aus dieser Gruppe herausragt, weil er mehr als jeder andere den Zusammenhang als bestimmendes Moment über alle Brüche hinaus betont und die Kultur Hispanoamerikas, noch einmal in den Worten Julio Ortegas, »immer als eine Verwirklichung, niemals als ein Problem« versteht.

Nach einer Bemerkung von José Ortega y Gasset ist das Leben ein Komplex von Problemen, auf den wir mit einem Komplex von Lösungen antworten und den wir »Kultur« nennen. Ähnlich sieht Milan Kundera die Aufgabe der erzählenden Literatur darin, immer wieder die Menschen, insofern sie Probleme sind, zu schildern. Auch *Die amerikanische Ausdruckswelt* könnte man zunächst in dieser Perspektive lesen, fände aber dann bei Lezama selbst eine dem widersprechende Darstellung und davon ausgehend eine andere Sichtweise. Das ist seine poetische Methode, denn es handelt sich bei ihm um einen Essayisten, der vor allem Dichter ist. Er stellt zunächst die Gesamtheit der Verwirklichungen unserer Kultur dar, und dabei kann es anfänglich auch um Selbstfindung und Lösung von Problemen gehen. Lezama allerdings hebt das kulturelle Erzeugnis selbst hervor, das weit über seine Entstehungsbedingungen hinausgeht. Dann führt er uns dazu, das, was wir bereits sehen, von einer ungewohnten, da nicht einfach kausalen Ebene aus zu betrachten, von der der *imaginären Weltalter.*

Für Lezama sind die Kulturen ihre Imagination. »Wenn es einer Kultur nicht gelingt, einen Typus von Einbildung zu schaffen (...), wäre sie in dem Maß, wie die Massen der Jahrtausende sie verschütteten, schlechterdings unentzifferbar.« Die Geschichte ist für Lezama Lima nur erkennbar dank der Einbildungskraft der Menschen, die sie machen. Die einfache geschichtliche Tatsache muß sich in ein von neuem erschaffbares Ereignis verwandeln, in ein »imaginäres Weltalter«, das die Abfolge historischer Momente in bezug auf ihre Fähigkeit betrachtet, Bilder zu schaffen. Dann allerdings, so schließt Lezama, »bildet die Überraschung der Zusammenhänge eine Art retrospektive Kausalität«. Mit anderen Worten: wir müssen uns ein Bild von der Vergangenheit machen, wenn wir uns ein Bild von der Zukunft machen wollen. Beide sind unabgeschlossen; und wenn sie einmal abgeschlossen sein werden, dann, weil wir, die menschliche Spezies, ausgestorben sind oder, was auf dasselbe hinausläuft, weil wir die Einbildungskraft verloren haben und nicht mehr an den drei Zeiten des Lebens, der Vergangenheit der Gegenwart und der Zukunft, teilhaben. Als Dichter verwurzelt Lezama uns in der Gegenwart, in der wir uns erinnern und in der wir Wünsche haben. Als Denker erhellt er diese Gegenwart mit einer Vergangenheit, die ebenso unabgeschlossen ist wie die Zukunft, mit einer Vergangenheit, die uns dazu verpflichtet, uns von ihr zuerst ein Bild zu machen, wenn wir eine lebendige Gegenwart haben wollen und eine Zukunft, die uns nicht zum Tod verurteilt.

Dieses große Buch ist eine hervorragende Einführung in die Kultur des spanischen und portugiesischen Amerika. Lezama stellt unsere Kulturepochen in Hinsicht auf ihr imaginäres Potential dar, beginnend mit den prähispanischen Mythen. Diese mythische Welt erfährt den Schock der Konquista: die europäische Renaissance nimmt die Bruchstücke der zerfallenden indianischen Kultur auf und verwandelt sie in europäische Mythen, den des Goldenen Zeitalters und den des Guten Wilden. Dieser Wunsch nach »den neuen Barbaren« und »dem neuen Blut« befriedigt sich allzu wörtlich in der Umarmung der Konquista und Kolonisierung, die für die Besiegten nur den Tod kennt. Das aufkommende Barock füllt dann die Leere zwischen dem Bild vom amerikanischen Arkadien und seiner Zerstörung durch die koloniale Gewalt.

Sowohl die spanische als auch die präkolumbische Kultur tragen zu dieser barocken Rettung bei. Die spanische, weil sie, unter der imperialen Militanz von Schwert und Kreuz, Goldgier und Ruhmsucht, durch eine Vielfalt charakterisiert ist, die aus griechischen, karthagischen, keltischen, römischen, gotischen, arabischen und jüdischen Traditionen gespeist worden war. Die amerikanische Mimesis des Europäischen ahmt diese Fähigkeit nach, sich das zunächst

Fremde einzuverleiben. Das ist keine Minderwertigkeit oder Trägheit, so bemerkt der Dichter, sondern Einverleibung. So wie Spanien, oft gegen seinen Willen, all die Kulturen, die sein Territorium überzogen haben, in sich aufgenommen hat, so hat das indianische Amerika durch die spanische Konquista teils unbemerkt, teils hochdramatisch und durch Gewalt die europäische Kultur und auch die afrikanische in sich aufgenommen.

Der Name dafür ist Barock, und Lezama, der in seiner Dichtung und in seinem Roman *Paradiso* dem modernen Barock Hispanoamerikas seinen höchsten Sinn gegeben hat, gibt ihm in *Die amerikanische Ausdruckswelt* eine aufsehenerregende Bestimmung: es ist Träger der Gegenkonquista, das heißt der Antwort der Mestizen, Mulatten, Indios, Neger und auch der Kreolen auf das rein Europäische. Das amerikanische Barock, das Lezama in der Gestalt des »barocken Herrn« einführt, ist von machtvollen Auswirkungen und keineswegs ein Zeichen von »Verfall«, denn es füllt die Leere der Konquista mit dem verzweifelten Überfluß der Gegenkonquista und das heißt »mit Errungenschaften der Sprache, der Möblierung und der Wohnraumgestaltung, mit Arten des Lebens und der Neugier, mit einer Mystik, die ganz neue Formen der Andacht entwikkelt, mit Weisen des Schmeckens und der Speisenzubereitung, die allesamt eine Lebenshaltung verströmen, die vollendet, verfeinert und geheimnisvoll ist, theokratisch und selbstbezogen, umherschweifend in der Form und fest verwurzelt in ihrem Wesen«.

Das indoiberische Barock in all den Kirchen, die sich in langer Reihe wie eine prachtvolle Kette durch die Berge ziehen, von Zacatecas bis Oaxaca, von Quito bis Puno, ist die indianische Antwort auf die Konquista; es führt die Symbole und Gegenstände, die Flora und Fauna und das Wesen der besiegten Völker selbst in die christliche Kunst ein. Das iberoafrikanische Barock entsteht in der Architektur und

Bildhauerkunst von Aleijadinho in Ouro Preto; seine Kunst ist ein Werk der Nacht, denn der mulattische Künstler, der Sohn einer Sklavin und eines Portugiesen, der leprös und verwachsen war, arbeitete nur, wenn die anderen Brasilianer schliefen. Das mestizische Barock erwächst in der Dichtung der Sor Juana Inés de la Cruz in Mexiko und in der alles verschlingenden und synthetisierenden Neugier von Carlos Sigüenza y Góngora; er ist der hispanoamerikanische Intellektuelle par excellence, der mehr (wenigstens doppelt soviel) wissen muß als jeder Europäer. Das kreolische Barock schließlich findet sich in der Malerei, den höfischen Umgangsformen, dem Mobilar, der Architektur, dem Todeskult und vielleicht auch in einer neuen Erotik, in einem sexuellen Reiz, der aus dem Begehren, das die rassische Vielfalt anstachelt, und der christlichen Verbotswelt entstanden ist.

Die Gegenkonquista, die im Barock Gestalt gewinnt, bereitet die nächste amerikanische Kulturepoche vor, die Lezama als umherirrende Romantik beschreibt, in der sich Gefängnis und Verbannung abwechseln. Stellvertretend für sie stehen die Namen des Vorläufers der Unabhängigkeit Venezuelas, Francisco de Miranda, und des durchtriebenen mexikanischen Mönchs Servando Teresa de Mier. Der Romantiker, so Lezama, sieht sich durch das Bild der Ferne angezogen. Er will die Wirklichkeit umbilden und erfindet Nationen; dabei stört es ihn nicht, ob sie unmöglich sind, ihre Vorbilder aus anderen beziehen oder gar nicht mit der bestehenden Wirklichkeit in Einklang zu bringen sind. Die Vorstellung vom Recht auf Unabhängigkeit überdeckt die Wirklichkeit der Abhängigkeit. Für Lezama ist entscheidend, mit Hilfe der Einbildungskraft »ein Land aus der Abwesenheit bilden« zu können. Diese Fähigkeit wird in Benito Juárez oder José Martí zu einer politischen Kraft.

Aus der Romantik entsteht nach Lezama die nächste Epoche, die der Bodenständigkeit. Es ist die Zeit des Gutshofs, der Hazienda, der Estanzia. Aber das Seßhaftwerden ist untrennbar mit der Unbeständigkeit verbunden: so wie die Konquista sich in der Gegenkonquista auflöste, löst sich die Lebensform des Landguts im unsteten Leben auf. Der mexikanische Corrido besingt das Wanderleben, das aus dem bedrückenden, eingegrenzten Gebiet des Gutshofs und der Hazienda ausbricht und das ganze Land durchschweift. Der Gaucho Martín Fierro – »verfolgt, verwundet, eingesperrt« – hat nur sein Messer, und auch wenn für ihn das Land klein ist, könnte es auf jeden Fall »besser sein«, und das heißt unmittelbar unermeßlich.

Die nächste Phase unserer Geschichte verschafft dem argentinischen Gaucho und dem mexikanischen Charro Feuerwaffen und kündigt eine neue Bewegung an, die noch namenlos ist, da sie unsere eigene ist, die, in der wir noch immer leben. Sie ist in Lezamas Sicht nicht ein vages Versprechen auf eine Revolution, sondern die Synthese aus den Gegensätzen der vorangegangenen Phase, aus den Elementen der Seßhaftwerdung und des Umherirrens, aus der heimatlichen Estanzia und dem unsteten Wanderleben. So entsteht eine neue hispanoamerikanische Dynamik, die sich politisch bereits darin bekundet, daß die bürgerliche Gesellschaft zum Protagonisten der Geschichte wird. Sie ist Träger des kulturellen Zusammenhangs gegenüber dem System von Brüchen – in dem Tradition und Wechsel Gegensätze sind, statt sich gegenseitig zu bedingen; das begierig nach immer Neuem ist, statt das von außen Kommende als Anreiz zu begreifen und es sich anzueignen; das sich nur konservatorisch um die Vergangenheit bemüht, statt sie als Prüfstein einer Begegnung mit der Zukunft zu nehmen –, das noch heute charakteristisch für die schwärzesten Aspekte unserer Krise ist. Die bürgerliche Gesellschaft geht auf Zusammenhang und nicht auf Bruch aus, so daß die Tradition die Grundlage der Erneuerung bilden und jene von dieser lebendig erhalten werden kann.

Zuvor jedoch haben bereits die hispanoamerikanischen Künstler diese Erfahrung gemacht, daß es keine Schöpfung gibt, die sich nicht aus der Tradition nährte, und keine Tradition, die nicht neue Schöpfungen brauchte, um als solche überhaupt weiterzubestehen. So enthüllt und löst der kulturelle Zusammenhang, dessen Bild Lezama uns in seiner Tiefendiemension darstellt, die zeitgenössische Krise des iberoamerikanischen Kontinents und fordert uns auf, uns nicht von der politischen Vereinzelung den Blick verstellen zu lassen auf den daneben bestehenden Zusammenhang. Die Zerstückelung dient nur den vergänglichen Unterdrükkungssystemen, der Austausch dagegen der Lebendigkeit der ganzen Gesellschaft.

Deshalb begrüße ich die deutsche Übersetzung dieses großen Buchs von Lezama Lima, das wahrhaft ein Schlüssel zu dem ist, was sein Titel verkündet.

Die amerikanische Ausdruckswelt

Mythen und klassische Erschöpfung

Nur das Schwierige ist anregend; nur der Widerstand, der uns herausfordert, kann unser Erkenntnisvermögen geschmeidig krümmen, es wecken und in Gang halten; aber was ist wirklich das Schwierige? Das lediglich in die mütterlichen Wasser des Dunklen Getauchte? Das Ursprüngliche ohne Kausalität, Antithese oder *logos*? Es ist die Form im Werden, worin eine Landschaft auf einen Sinn, eine Deutung oder eine einfache Auslegung zugeht und danach auf ihre Rekonstruktion, die schließlich ihre Wirksamkeit oder ihre Unbrauchbarkeit markiert, ihre streng ordnende Kraft oder ihr dumpfes Echo; die ihre historische Vision ist. Eine erste Schwierigkeit in ihrem Sinn; die andere, die größere, eine historische Vision zu erlangen. Das also ist die Schwierigkeit des Sinns und der historischen Vision. Sinn oder das Treffen einer von historischen Wertbestimmungen geschenkten Kausalität. Geschichtliche Vision: das ist der Kontrapunkt oder das Gewebe, das die *imago* liefert, das Bild, das teilhat an der Geschichte.

Wenn wir uns eine Reihe von Gemälden anschauen, von Illustrationen aus Stundenbüchern bis zu italienischer und flämischer Renaissancemalerei, können wir, mit dem prächtigen Ausblick, den die Malerei auf das geschichtliche Werden gibt, der Sinnkausalität und dem Bild, das die historische Vision gibt, einen Ort zuweisen. Wenn wir die Illustration »September« der Brüder Limbourg im *Stundenbuch* des Duc de Berry betrachten, sehen wir die Bauern fröhlich bei der Bewässerung am Fuß der Burg. Sofort heben wir hervor, daß der Sinn durch eine Reihe von Abstufungen entsteht, die im Historischen eingeführt werden. Der herrliche Kobaltglanz der Blaus befeuchtet die langen Spitzen der Herbststerne, und die Burg auf der Höhe eines bedeutungsvollen Felsens hüllt sich in das Funkeln, das dem zurückgezogenen und aufs Wesentliche beschränkten Leben ihrer feudalen Bewohner Ausdruck gibt. Trotz einem unbedeutenden Zäunchen, das der Arbeit der Bauern ihren Ort gibt, sieht man, jenseits des verhexten Bereichs der Burg, daß die Abhängigkeit der Arbeit vom Wohnrecht, des Bauern vom Herrn eng und formal-feierlich ist. Wenn wir diese Illustration aus dem *Stundenbuch* mit Pieter Brueghels Gemälde *Die Kornernte* vergleichen, begreifen wir sofort, daß die Entsprechungen der historischen Kausalität sich über bislang noch unbekannten Gebieten oder Zeiträumen errichten. Hier scheinen die Bauern nicht, wie auf dem Blatt der Limbourg-Brüder, zu arbeiten, um die Burg legendenhaft zu illuminieren, hier gibt es flüchtige und volle Momente, erhält der Geist der *Kermesse* Eintritt, um ihre Mahlzeiten, den Genuß und die eigene Freude zu vollenden. Der Kontrapunkt und die Verknüpfungen bei der retrospektiven Projektion des zweiten Gemäldes auf das erste markieren eine historische Vision, eine lebhafte stilistische Erleuchtung, in der wir durch die Vermittlung eines Bilds, das Gestalt annimmt, zwei Formen des Bauerntums erfassen. Eine, so könnten wir sagen, wie von einer Behexung bewacht; die andere hingegeben an das *cantabile* ihrer eigenen Freude, die sich in einer idealen Zeit erholt und ausdehnt. Betrachten wir jetzt das Porträt des Kanzlers Rolin von Rogier van der Weyden. Das Gesicht scheint das eines typischen Feudalherren zu sein, in dem sich die Turniere und die Schwüre, der Pulsschlag der Regierungssorgen mit den strengsten asketischen Mahnungen mischen. Das Gesicht ist finster, sehr streng, gesammelt, wie das eines Falken, bevor seine Energie umschlägt; vergleichen wir dies nun mit einer anderen seiner Haltungen auf dem Gemälde *Madonna des Kanzlers Rolin* von Jan van Eyck. Die Gegenwart der Jungfrau verändert in nichts das finstere und unbeugsame Gesicht des Kanzlers. Trotzdem gibt es auf dem

Gemälde van Eycks eine Art fröhliches Leuchten, als sei derselbe Mann in der Betrachtung des Geheimnisses versunken, das sich nähert. Was hat uns bei demselben Kanzler zu sehr grundsätzlichen Unterscheidungen verholfen? Wir begreifen sofort, daß der Mittelpunkt des Bilds das Kind ist, der Knabe, der auf seine Bestimmung zugeht. Es ist ein neuer Blick, der den Mann verwandelt, und ohne die äußeren Zeichen seines Gesichts zu verändern, ist der Kanzler wie durchdrungen von einem anderen höheren Licht, das ihn umwandelt und zu einem neuen Leben führt. Ein kleiner Zeitsprung, um die stolzen Vorrenaissanceprahlereien des von Simone Martini gemalten Ritters da Fogliano zu betrachten, der mit »Putz und Pracht« in der Umgebung seiner Burg ausreitet, still aufgeblasen wie jemand, der auf die andere Seite seiner Mauern gegangen ist. Es scheint, als öffnete jene Sternenburg, eingehüllt in den nächtlichen Kobaltglanz ihrer blauen Schärpe, die wir in der dauerhaften Bearbeitung der Gebrüder Limbourg an einem Septembernachmittag gesehen haben, ihre schwerfälligen Türen, um das anmaßende Selbstvertrauen des Ritters da Fogliano durchzulassen. Nehmen wir an, die durch die kulturstilgeschichtliche Vision auf die Bilder hervorgerufene Erfahrung, daß er an diesem animistischen Kontrapunkt teilhat, errichte sich über dem Ausdruck »sich öffnende Tür«, der durch die freischweifende Pracht des Ritters da Fogliano motiviert ist, und zwar im Verhältnis zu der Burg im September der Limbourg-Brüder, die grundsätzlich geschlossen ist. Hier hat sich der Kontrapunkt gefährlich ausgeweitet, so als errichtete sich der Ausdruck »sich nach draußen öffnende Tür« über den Hexagrammen des *I Ging*. Man muß das Zeichen des Hexagramms auf die imaginäre Tür gravieren, in der Haltung eines tagalischen Banditen, der darauf wartet, daß man ihn enthauptet. In der Tacquea-Sage über den Ursprung des Feuers bei einigen ecuadorianischen Stämmen hält Tacquea die Tür halb offen, um zu verhindern, daß die in Vögel verwandelten Menschen ihm das Feuer rauben. Die halbgeöffnete Tür, die jedesmal, wenn einer der Räuber kam, zugedrückt wurde, zerquetschte seinen Körper, bis der Kolibri mit dem feuchten Körper kam. Die Manen Victorias und Palestrinas, gelehrte Polyphonie mit vier Kulturmomenten, die sich zu einer einzigen historischen Vision zusammenfügen! Das heißt, plötzlich wirkt in einem ebenso blendenden wie dialektischen Ausritt die sich öffnende Tür auf den Ritter da Fogliano ein, der die hermetische Verhexung der Burg besiegt. Was ist passiert? Eine Art anderer *flatus Dei*, zwischen Gemälden, dem Stundenbuch, dem Leuchten der Turnierfahnen, Erntearbeitern, Weizenfeldern, allesamt erneut in Bewegung geraten, der sie in eine neue Lage versetzt, in eine ununterbrochene Verdunstung, und ihnen ein anderes, unbekanntes Ziel zuweist.

Aus all diesen als Beispiel herangezogenen Blättern haben wir natürlich Vorhandenes und kulturell Gegebenes gewonnen, die wie Personen auftreten, die wie Metaphern teilhaben. Eine Reihe von Naturentitäten: Weizenfelder, Septembernächte, Türen, Hütten, Rast, Sterne, Burg. Eine andere Reihe imaginärer Kulturentitäten: Feudalherr, Bauer auf Kermesse, Türen, die sich nach draußen öffnen, verhexte Burgen, Bauern, die am Fuß der Burg arbeiten, Ornat des Herrn, der ausreitet. Zur weiteren Erklärung verdeutlichen wir: Bauer, zum Beispiel, Naturentität; und nun, Bauer, der am Fuß einer Burg arbeitet, imaginäre Kulturentität. Welche Beziehung kann es geben zwischen dem Ritter da Fogliano, der stattlich in seinen Besitzungen ausreitet, und der geschlossenen Burg, die sich in der Septembermitternacht erhebt? Wir können keine Beziehung zwischen dem Gemälde Simone Martinis und dem Blatt der Limbourg-Brüder herstellen, wenn nicht durch einen Kontrapunkt, wo »die Türen, die sich nach draußen öffnen« – eine Entität, die wir durch die Ratschläge des *I Ging*, die Seele aus dem Körper zu ziehen, erhalten haben – dem Ritter erlaubt, die Burg zu verlassen und durch sein Ackerland zu reiten, zwischen dem Erstaunen, das sein funkelnd gelber Ornat weckt, und dem harmonischen Selbstvertrauen, mit dem er sich von der Burg entfernt. Wie ist es zu dieser Revolution gekommen, dieser Drehung dreier Entitäten, um eine neue Vision zu bilden, die eine neue Erfahrung ist und die eine andere Wirklichkeit ist mit ebenfalls Gewicht, Zahl und Maß? Es ist das Einschreiten des metaphorischen Subjekts, das diese Entitäten, die natürlichen oder imaginären, angetrieben hat und das durch seine revulsive Kraft das ganze Gemälde in Bewegung setzte, denn das metaphorische Subjekt tritt in der Tat auf, um die Metamorphose auf die neue Vision hin zu erzeugen.

Um von vornherein jegliche fälschlich vergnügte wie rabiate Schlußfolgerung zu verhindern, die den Anschein erwecken könnte, der einiger unerbittlicher Kreise ähnlich zu sein, auf die Oswald Spengler mit den von der zeitgenössischen Geschichtsschreibung so genannten homologen Tatsachen einen blendenden Einfluß ausgeübt zu haben schien: wenn wir die Form des Stierhorns mit der Form der Tiara der byzantinischen Herrscher im Rahmen der Spenglerschen Auffassung von der homologen Tatsache vergleichen, zeigen wir eine Parallelität kultureller Merkmale auf, die diesen Zeichencharakter genau deshalb erhalten, weil sie innerhalb der Wertbestimmungen einer Morphologie ihre Stelle einnehmen. Aber unser kulturelles Analogon setzt die Teilhabe des metaphorischen Subjekts, über einem kontrapunktischen Raum, voraus. Wir könnten vielleicht sagen, dieses metaphorische Subjekt wirke wie der zeitliche Faktor, der verhindert, daß die Naturentitäten oder die imaginären Kulturentitäten in ihrer unfruchtbaren Flächigkeit *gelée* werden.

Eine bestimmte Menge von Natur- oder Kulturentitäten erhält in einem Plötzlich unermeßlichen Widerhall. Entitäten wie die Ausdrücke »Milesische Geschichten« oder »Ruinen von Pergamon«, erlangen in einem Raum, der von der *imago* und dem metaphorischen Subjekt kontrapunktiert wird, neues Leben, wie die geplante Fläche oder der beherrschte Raum. Von diesem kontrapunktierten Raum hängt die Metamorphose einer Naturentität in eine imaginäre Kulturentität ab. Wenn ich »Stein« sage, sind wir im Herrschaftsbereich einer Naturentität, aber wenn ich sage: »Stein, an dem Marius in den Ruinen Karthagos geweint hat«, bilden wir eine Kulturentität von massiver Schwerkraft. Die Kraft der Verkettung und die Schwerkraft charakterisieren diesen von der *imago* kontrapunktierten Raum, was ihm die *Ausdehnung* verleiht, und zwar soweit, wie dieser Raum animistische Kraft im Verhältnis zu diesen Entitäten hat. Es wäre irrig zu glauben, die Leichtigkeit dieser Ausdrücke »Milesische Geschichten« oder »Ruinen von Pergamon«, mit der sie leicht zu imaginären Kulturentitäten werden, verdanke sich der Patina, die das Uralte, Tausendjährige verleiht. Wenn wir nämlich sagen, und zwar in diesem Sinn der von der *imago* geleiteten Entitäten: »habsburgische Tradition«, dann öffnet die Einbildungskraft, mit derselben Leichtigkeit wie jene verschnörkelt geschichtlichen Ausdrücke, eine Parenthese, die Anna von Österreich und die Gegenreformation und den zeitgenössischen Hofmannsthal und die Wiener Schule umfaßt. Auch noch in unseren Tagen, wenn wir *chinesische Verschwörung* sagen, fühlen wir sofort den Widerhall einer verbalen Beute, die dem animistischen Kontrapunkt zugefallen ist, und schließen so aus, daß es der Dunst des Uralten ist, der die Ausdrücke erneut wogen läßt. Das, was einen Ausdruck männlich und wirksam macht, läßt ihn sich in diesem Raum bedeutsam hervorheben, beseelt von einem Blick, vor dem die verschiedenen Entitäten vorbeiziehen. Unbrauchbar und vernebelt gleiten Ausdrücke wie geschrumpfte Holothurienstile oder wie aufgeweichte Gorgonarien dahin, unhaltbar für die Netze, die ausgespannt sind, um die räumliche Unendlichkeit zu einer Schöpfungsmöglichkeit zu führen. Es sind die verbalen Modi, Hängematten für das Nebensächliche und das Dringliche, in denen die Geste oder der Wink im Übergang des Atems auf den Lehm triumphieren. Das metaphorische Subjekt, eingeschränkt durch die Grenze seines schwankenden Existierens, wälzt sich über einen blutleeren Raum, der nicht in die phantasiereiche Monarchie des kontrapunktierten Raums eingegliedert ist, wo die Worte, wie starre Krieger, sich unter dem Gewand geologischer Asche verbergen.

Daß die Bewertung der historischen Zusammenhänge und der kritischen Einschätzung zwangsläufig zu einer neuen Fragestellung kommen mußte, war etwas, das mit Jubel erwartet wurde. Ein Ernst Robert Curtius oder ein T. S. Eliot nehmen das mit Anzeichen und Einfühlungsvermögen vorweg. Mit der Zeit, sagt uns Ernst Robert Curtius, werde es offenkundig unmöglich werden, eine andere Technik als die der »Fiktion« anzuwenden. Das heißt, fügen wir hinzu, daß die Stile und Schulen, die imaginäre Zentralfigur und die Chorstimmen, solche, die Ausdrucksformen anbahnten oder solche, die den Verfall milderten, ihre Weltreise machen und ihre Erwerbungen hervorheben müssen, in Übereinstimmung mit den neuen Möglichkeiten einer tieferen und verfeinerten Wertschätzung. Nun hat allerdings diese Technik der »Fiktion« nichts mit der Beschwörung zu tun, die Walter Pater in seinen Studien über Joachim du Bellay oder Watteau in Mode gebracht hat. Eine Technik der Fiktion wird unumgänglich sein, wenn die historiographische Technik die Herrschaft ihrer Genauigkeit nicht errichten kann. Eine Verpflichtung fast, das noch einmal zu erleben, was man nicht mehr genau angeben kann.

Im Zusammenhang mit dem Romanwerk von Joyce kam die Verlegenheit der Kritik zum Vorschein: sie fühlte sich erdrückt durch die elementare Frage der Gattungen, eines

Realismus, der seine eigene Realität schuf, einer Philologie, die vom blutigen Ausbruch eines ursprünglichen Titanenkampfs geleitet wurde. Eliot maß diesem für chaotisch gehaltenen Werk genau deshalb so hohen Wert bei, weil es sich dem Chaos unserer Epoche entgegensetzte, indem es die Kehrseite der Mythen suchte. »Die Psychologie«, schreibt Eliot, »(so wie sie ist, und einerlei ob man amüsiert oder ernst auf sie reagiert), die Ethnologie und *Der goldene Zweig* haben gemeinsam möglich gemacht, was noch vor ein paar Jahren unmöglich war. Anstatt der erzählenden Methode müssen wir jetzt die mythische verwenden.«[1] Wir wissen, daß im speziellen Fall von T. S. Eliot die mythische Methode eher eine mythisch-kritische war, entsprechend seinem Neoklassizismus *à outrance*, die jedem zeitgenössischen Werk zugleich die Aufgabe des Kommentators anwies, um seinen Rückhalt in mythischen Epochen anzuzeigen, denn er ist ein pessimistischer Kritiker des Zeitalters der Dämmerung. Pessimistisch, insoweit er glaubt, daß nur die Alten wirklich schöpferisch waren und daß uns heutigen Zeitgenossen lediglich das Spiel der Kombinatorik bleibt. Mehr noch, es ist eines der Themen seines Gedichts *East Coker:*

Und was zu erobern wäre
Durch Kraft und Gehorsam, wurde bereits ein-zweimal
Oder gar öfter entdeckt von Meistern, denen zu gleichen
Ein vermessener Wunsch ist – doch hier geht es nicht um
 Wettstreit –
Der Kampf geht nur um das, was verloren wurde,
Wiedergefunden und immer wieder verloren: und nun unter
 Umständen,
Die ungünstig scheinen. Doch vielleicht ist's weder Gewinn
 noch Verlust.
Für uns bleibt nur das Bestreben. Der Rest ist nicht unsere
 Sache.[2]

Eliot will sich in Wirklichkeit gar nicht den neuen Mythen nähern, denen gegenüber er zweifelnd und zurückhaltend zu sein scheint, oder der Erfahrung der uralten Mythen, sondern er will den Schutz, den die zeitgenössischen Werke durch die Mythen erhalten, die ihnen so eine Art klassischen Adel verleihen. Deshalb ist seine Kritik wesentlich pessimistisch und dämmerig spätzeitlich, denn er glaubt, die alten Meister könnten nicht übertroffen werden und es bliebe nur das Vergnügen zu wiederholen, eventuell mit neuem Akzent. Eine Einschätzung, die dem Spenglerschen Pessimismus nahe ist und der ewigen Wiederkehr, die in der Endlichkeit der kombinatorischen Möglichkeiten die möglichen *ricorsi* sichert.

Unsere Methode möchte sich mehr der Technik der Fiktion nähern, die Curtius befürwortet, als der mythischkritischen Methode Eliots. Alles wird rekonstruiert und neu erfunden werden müssen, und die alten Mythen, wenn sie von neuem wiedererstehen, werden uns ihre Zaubersprüche und Rätsel mit einem unbekannten Gesicht darbieten. Die Fiktion der Mythen sind neue Mythen, mit neuen Erschöpfungen und Schrecken.

Dazu muß die Betonung, die die zeitgenössische Geschichtsschreibung auf die Kulturen legt, auf die imaginären Weltalter verschoben werden. So wie Toynbee einundzwanzig Kulturtypen bestimmt hat: die verschiedenen Weltalter bestimmen, in denen sich die *imago* als Geschichte durchgesetzt hat. Das heißt: die etruskische, die karolingische, die bretonische etc. Einbildungskraft, wo die Tat, wenn sie auf dem Wandteppich eines imaginären Weltalters erschien, ihre Wirklichkeit und ihre Schwerkraft erlangte. Wenn es einer Kultur nicht gelingt, einen Typus von Einbildung zu schaffen, wenn so etwas überhaupt möglich sein sollte, wäre sie in dem Maß, wie die Massen der Jahrtausende sie verschütteten, schlechterdings unentzifferbar.

Von diesem Gespinst, womit das Bild die Geschichte ausstattet, hängt die wahrhafte Wirklichkeit einer Tat oder ihre Gleichgültigkeit und Nichtexistenz ab. Wenn in *La chanson de Roland* mit großer Genauigkeit vermerkt wird, daß Karl der Große bei der Eroberung zweihundertzwanzig Jahre alt war;[3] wenn wir sehen, daß die Sarazenen bei Apollon und bei Mohammed schwören;[4] wenn gesagt wird, als Roland einen Araber besiegt, »mit seinem Speer reißt er ihm die Seele aus dem Leib«,[5] sind das alles Tatsachen, die ihre Schwerkraft aus dem karolingischen Weltalter erhalten, aus einem Typus hypostasierter Einbildungskraft. Die Heiligenlegenden der franko-germanischen Volksgruppen, die große Schlacht Karl Martells, das Geheimnis der Kathedralen mit ihren esoterisch-pythagoräischen Symbolen, das alles sind Bekundungen eines Weltalters, das wir das der karolingischen Einbildungskraft nennen können, wo die starke theokratische *liaison* die Wunderzeichen und die Inseln des Staunens begünstigte. Das Volk Gottes hatte die imaginative Wahrheit, daß der Auserwählte, der Berufene die Wirklichkeit nicht mit einem undeutlichen und einfältigen Kausalismus in Rechnung zu stellen habe.

Ist dieses Gemälde einer Menschheit, die in Weltalter aufgeteilt ist, die ihrer Fähigkeit entsprechen, Bilder zu schaffen, einmal überraschend entdeckt, ist es leichter, die Ausdehnung des animistischen Kontrapunkts, wo sich die Verknüpfungen bewahrheiten, und das Wagnis oder die Sympathie in der Annäherung des metaphorischen Subjekts zu begreifen oder anschaulich zu machen. Diese Überraschung der Verknüpfungen bildet eine Art retrospektive Kausalität. Wenn wir bei Rilke hervorheben: »Denn wir, wo wir fühlen, verflüchtigen«;[6] wenn wir dann in dem für uns schönsten der Monologe Hamlets finden: »Oh schmölze doch dies allzu feste Fleisch / zerging und löst' in einem Tau sich auf«[7]; wenn wir dann bei Sueton lesen, der Kaiser Augustus habe, um anzuzeigen, daß er krank sei, bemerkt: »ich bin in dunstigem Zustand«[8]; dann markieren wir durch diese retrospektiven Verknüpfungen die Erfahrung der *apórroia* bei den Griechen, ihrer Auffassung der Verdunstung, und wie diese Tendenz, in dem neptunischen oder aquatischen Element des Körpers zu vergehen, über Jahrtausende der Trennung in einem zeitgenössischen Dichter, in einem Monolog Hamlets, in den Redegewohnheiten eines römischen Kaisers und in den fast mit orakelhafter Kraft aktivierten Auffassungen des griechischen Volks gegenwärtig gewesen ist.

Ein anderes Mittel, das wir auf der Suche nach diesen Naturentitäten oder imaginären Kulturentitäten benutzen können, ist der Rückgriff auf die subtilen Formen, zu denen Klages rät, um eine vollkommene Unterscheidung zwischen Gedächtnis und Erinnerung zu erreichen. Die Erinnerung ist eine geistige Tatsache, aber das Gedächtnis ist ein Plasma der Seele, ist immer schöpferisch, spermatisch, denn das Gedächtnis geht von der Wurzel der Art aus. Noch in der Pflanze gibt es Gedächtnis, das sie dazu führt, die Fülle ihrer Form zu erlangen, denn die Blüte ist die Tochter des schöpferischen Gedächtnisses. Klages schickt ein merkwürdiges Beispiel vorweg. Wenn ich mir notiere, daß die Zündhölzer 1832 erfunden wurden, erreiche ich nur, einen weiteren Stollen ins Flöz des Vergessens zu treiben. Aber wenn ich ihm das gleiche Datum von Goethes Tod und seinen Satz »Mehr Licht!« zugeselle, ist es schwierig, daß mir das löbliche kleine Datum der Erfindung des Zündholzes wieder entgleitet. Nicht umsonst betrachten die Deutschen die Vorgänge des Gedächtnisses als Formen dessen, was sie Witz nennen.

Ein anderes näherliegendes Beispiel für das Mögliche, das die Reibung einer unvergeßlichen Tatsache mit einer anderen schieren Unbedeutendheit ist und das die Anmut des Gedächtnisses begünstigt. Wir entnehmen es Vorgängen, die uns angehen und die nun mit fremdem Stolz zusammenstoßen. Im Jahr 1868 rief die kleine Tochter Marcelino

Sautuolas am Eingang der Höhlen von Altamira: Stiere! Stiere!, und die struppige Geschichte des zotteligen Bisons begann. Wenn ein hiesiger Kreole sie im Gedächtnis behalten wollte, würde er diese Tatsache mit dem Schrei von Yara 1868[9] assoziieren. Wenn hingegen ein Spanier einige unserer Heldentaten im Gedächtnis behalten wollte, würde er sie mit der Geschichte jener Entdeckung assoziieren, dem verlorenen Hund, den sich teilenden Felsen, der Enge des Eingangs, der nur den Einblick einer Kleinen gestattet etc. Das Unbekannteste, das uns wie ein nicht greifbares Weizenfeld wogen läßt, muß durch die bestverwahrte und selbst unterirdische Tatsache gebunden werden. Auf diese Weise scheint das Gedächtnis, wenn es sich auf einer Tatsache niederläßt, die durch es aufs beste gefaßt ist, wie auf der Lauer zu liegen, mit einer anderen fernerliegenden und herausfordernden Tatsache verpaart zu werden. So liegt das Wunder dieses mnemonischen Analogons darin, daß es die beiden Schalen ausbalanciert und das Gleichgewicht mit einem schaukelnden und grausamen Unbekannten sucht.

Das überraschende Datum, Moment funkensprühender Überraschung in einem Makrokosmos, das begierig sein paariges Gegenstück sucht, das sich darauf stürzt, die Ausdehnung einer Haut zu ergänzen, die der Blick nicht umfassen kann, die aber das Gedächtnis des Keims uns als ein Absolutes zu begrüßen gewöhnt. Sueton weist auf die Bedeutung der Vorzeichen und Auspizien für Augustus hin: »Wenn man ihm morgens an den rechten Fuß den Schuh des linken zog, nahm er das als ein schlechtes Vorzeichen.«[10] Wie ist eine so bedauerliche Verwechslung bei einer kaiserlichen Dienerschaft möglich? War es ein Manöver der Freigelassenen, um den Kaiser lustig zu erschrecken? War der Schuh in Rom einheitlich für beide Füße? Wir bemerken, daß es ein Paritätsbedürfnis in jener Überraschung gibt, die ein Datum wie ein zusammenhangloses Naschwerk aufnahm. Dieses Datum ist keimhaft, wie das Gedächtnis, das in jeder Blume den Palast ihres polierten Blütenkrugs vorzeichnet. Dieses Datum schaut wie *dramatis persona* und glaubt, daß bei einem strahlenden Abgang die Scheinwerfer ihm das Gesicht einer Augenblicks-Primadonna aufprojizieren, das die wahre »Erste« noch wie eine Anmaßung betrachten wird, wenn die verlogene Schmiere bereits verschwunden ist. Mit dieser Überraschung der Verknüpfungen, mit der Magie des metaphorischen Analogons, mit der Keimform des mnemonischen Analogons, mit dem Überraschungsgedächtnis, das sich mutig auf die Suche nach seinem paarig-ergänzenden Gegenstück macht, wird eine neue und gewichtigere Ursächlichkeit erzeugt, worin die Unterordnung von Vorhergehendem und Abgeleitetem überwunden wird und aus der Aufeinanderfolge zwei Faktoren der Schöpfung gemacht werden, die durch eine offenbar unerwartete Ergänzung vereint werden, die ihnen aber den Kontrapunkt gewährt, wo die Entitäten Leben erlangen oder sich in sandigem, unbeständigem und ödem Staub auflösen. Mit diesen Beurteilungs- und Schöpfungselementen, die fähig sind, die neuen Fragestellungen zu vollziehen, die die Kunstwerke in unserer Zeit brauchen, könnte man so überraschende Perspektiven erhalten, daß viele Kunstgebilde erst dann wahrhaft geboren würden. Zum Beispiel in dem Maß, wie im Fall des trojanischen Kriegs die historische Einschätzung mehr und mehr unmöglich wurde – sagen wir durch den Dunst der Jahrtausende und die Verwirrung der Methoden, die sich nicht mehr von den hinzugefügten Einschätzungen jeder Epoche befreien konnten –, wurde es notwendiger, den Eingriff Hesiods und Homers bei der Bildung der hellenischen Götter genauer anzugeben. Man mußte darlegen, daß die griechische Kultur sich ebenso dem Historischen wie dem Mythischen verdankte, vielleicht mehr noch dem Zorn des Achill und der Dunkelheit des Ödipus als dem einfachen keimhaften Samen des Jupiter.

Wir nähern uns den Problemen der Formen mit der Überzeugung, daß das metaphorische Subjekt, das Subjekt, das in zwangsläufigen Szenenwechseln eingreift, den Pessimismus zerstört, den die Theorie der künstlerischen Konstanten verdeckt enthält. Wir verweigern die Verachtung gegenüber den Epigonen, wir gehen davon aus, daß zwei gleiche Stile unmöglich sind, daß zwei anscheinend bündige Formen nicht identisch sind, daß eine neue Auffassung der historischen Kausalität schöpferisch ist und die falsche Auffassung der Zeit zerstört, nach der alles sich an das Zeitgenössische richtet, an ein Zeitbruchstück. Wenn wir die Diana von Ephesos betrachten, mit ihrer Neigung zur Vervielfältigung, die uns an eine Verkleinerung einer Göttin Shiva denken läßt, leitet sich daraus eine historische Konstante ab, das heißt, immer wenn es eine Begegnung des Denkens und der Formen zwischen dem Orient und dem Okzident gibt, wie in den zwei Jahrhunderten vor Jesus Christus, wiederholen sich diese Formen, die zu Ausschweifungen und Vervielfältigungen neigen. Daher stammte ein rasender Pessimismus, der dazu neigt, wie in der ewigen Wiederkehr, dieselben stilistischen Formen mit gleichen Bestandteilen und Elementen geformt zu wiederholen. Das ist der Keim des schrecklichen Komplexes des Amerikaners: zu glauben, sein Ausdruck sei nicht eine erreichte Form, sondern ein Problemfall, eine Sache, die zu lösen wäre. Schweißbedeckt und gehemmt durch solche angenommenen Komplexe, sucht er im Autochthonen die Pracht, die man ihm absprach, und überprüft seine Gegebenheiten, eingepfercht zwischen dieser Kleinheit und dem spiegelnden Blendwerk der europäischen Errungenschaften, aber er hat das Wesentliche vergessen, daß das Plasma des Autochthonen ein Boden ist, der dem Europas gleicht. Und daß die Metallstangen gegen den Blitz an unseren Palästen eine sachgemäße Erfindung sind, gerade so wie bei den Handwerkern des Abendlands, und daß sie, wie der Tatendrang dieser Männer, sich in den Rücken eines himmlischen Tiers bohren, das gleicherweise unbekannt und fremd ist. Das einzige, was Kultur schafft, ist die Landschaft, und die haben wir in meisterlicher Ungeheuerlichkeit, ohne daß uns die Erschöpfung der kritischen Dämmerungen überkommt. Landschaft eines offenen Raums, wo sich nicht, wie in den Wäldern der Auvergne, das Haus des Erhängten erhebt.

Das erste, was im *Popol Vuh* unsere Aufmerksamkeit erregt, ist die Vorherrschaft des Geists des Bösen; die Herren von Xibalbá sehen die Welten sich drehen und sichern ihre Macht und ihre schreckliche Herrschaft über die Natur. Unerschütterlich betrachten sie das Scheitern all der Finten, die ihre Herrschaft ins Wanken bringen sollen, eine Herrschaft, die erbarmungslos über der Natur und den vergänglicheren Wesen zu stehen scheint. In der Geschichte der Kultur hält nur noch Piotr Stepanowitsch in den *Dämonen* von Dostojevskij den Geist des Bösen unbestechlicher aufrecht. In einem hinterlistigen Manöver, das Odysseus teuer gewesen wäre, dringen, um sich zu retten, die zwei Brüder des Geists, dessen bloße Gegenwart tötet, in ihren Blasrohren verborgen, in die Höhle der Fledermäuse ein, aber eine Fledermaus schneidet einem von ihnen, als er nach der Morgenröte Ausschau hält, den Kopf ab. Nur ein Akt der Magie, vollzogen von Bettlern, von ursprünglichen Spielleuten würden wir sagen, kann die Herren von Xibalbá auf den letzten Seiten dieser Theogonie vernichten, als der Geist des Bösen mit dem Geist des Tods gleichwertig wird, und ein spielerischer Drang, ihre eigene Existenz einzusetzen, vernichtet sie endgültig und sichert das Licht und das Morgendliche.

Die Symbolik, die sich aus dem *Popol Vuh* entwickelt, scheint der Gipfel der amerikanischen Behinderung zu sein. Ihre Linderung auch bisweilen, denn andere Male verhärtet sie sie. Während der Geist des Bösen herrscht, scheinen die

Gaben des Ausdrucks langsam zu sein, umherirrend und schlafwandlerisch. Bevor der Mensch auftaucht, sorgt er sich um die Nahrung, die er sich einverleiben könnte. Es scheint, als präludiere er die amerikanische Schwierigkeit, Saft aus seiner Umwelt zu ziehen. Er sucht eine Gleichwertigkeit: daß der Mensch, der entsteht, seinen Mahlzeiten gleich sei. Er scheint ein Apophtegma des Mißtrauens aufzustellen: zuerst die Nahrungsmittel; dann der Mensch. Es scheint, als markiere dieser Vorrang, der aus einem Pakt zwischen der Gottheit und der Natur, ohne Beteiligung des Menschen entstanden ist, eine Reizbarkeit und einen Groll: die nämlich des zu einem Pflichtessen Eingeladenen, der nicht vorher taktvoll und elegant nach seinen geistigen und palatalen Vorlieben befragt worden ist. Es ist im übrigen offensichtlich, daß die Speisen entsprechend dargeboten werden: *mit dem Tau der Luft und der unterirdischen Feuchtigkeit.*

Aber achtet gut auf diesen Unterschied. Überraschend ist nicht die Schaffung der Natur, der Tiere vor dem Menschen, das ist in allen Theogonien so, sondern daß es, bei der Rede von Nahrungsmitteln, so scheint, als wolle der Geist des Bösen uns zwingen, Nahrungsmittel zu essen, wobei die feindselige Gottheit befragt worden ist und nicht der Mensch. Darüber hinaus ist das *dictum* unerbittlich; wenn man sich nicht von der vorgeschriebenen Speise ernährt, stirbt man.

Das Gedicht ist von so vielen kriegserfahrenen Kopisten durchsucht worden, die seine Sporen und seine Wut abgeschliffen haben, von so manchem Jesuiten, der durch die Feinheit der Entzifferungen christlicher Symbolik im Suarismus gereizt war, was uns annehmen läßt, daß das *Popol Vuh* angeglichen worden ist und entsprechende Parallelfiguren eingeführt worden sind. Von der Ausdruckslosigkeit des Bewohners, der in der neuen Gegend auftaucht, bis zu den Spielen und Fertigkeiten der Bettler – all das ist von der

Bosheit der Herren von Xibalbá durchtränkt – durchzieht uns der Verdacht, daß die Tonlage von Unvollständigkeit und Warten, die in jedem der Verse deutlich ist, bewerkstelligt worden ist, um das entsprechende Gegenstück dazu in der Ankunft der neuen Götter zu erlangen.

Der Haß der Herren von Xibalbá ist in seiner ihm eigentümlichen Natur pathetisch und erstaunlich. Der Haß auf die Kreatur ist unstillbar. Die Ausdrucksfülle kommt wie ein langsames zaghaftes Zugeständnis auf, das in jedem Augenblick unbarmherzig zurückgenommen werden kann. Es erscheinen die Tiere auf den ersten Seiten des *Popol Vuh*, aber sie erweisen sich als träge, treu ihrer Natur, wie die Felsen am Abhang, der sie durch die Schwerkraft hinabrollen läßt. Sie sind blind, fühllos, ungeordnet und stolpern verwirrt umher. Die Götter bestehen mit unbegreiflicher Gereiztheit darauf, daß sie ihre Namen sagen und ihr Lob anstimmen. Es mußte der Atem, das Wort, der eingehauchte Geist gesucht werden, und hier kommt bereits das Problem auf: sie erhalten das Wort in einem neuen Geschöpf, aber um den Preis von dessen Körper: »die Puppen«, heißt es im Gedicht, »konnten nicht aufrecht stehenbleiben, denn sie lösten sich auf, zerflossen in Wasser.« Die Puppen sprechen schließlich, aber es mangelt ihnen an Bewußtsein und Sinn. Sie ersetzen den Lehm durch Holz, aber dann fehlte, ach, das Herz. Als dieser Versuch der Götter gescheitert war, befehlen sie den Aschenregen und erneut das Wasser der Anfänge. Als das neue Geschöpf auftaucht, ist es nun die gereizte, unbezähmbare Natur, die den Umriß ihres Messers darbietet.

Die Entdeckung des Gedichts durch den Pater Jiménez im 18. Jahrhundert bringt uns dazu, eine These zu wagen. Die Theogonien der indischen, buddhistischen etc. Epen sowie auch die konfuzianischen Sammlungen waren durch die Jesuiten nach Europa gekommen, nach den Auseinandersetzungen mit den anderen christlichen Missionaren, bei denen jene zur Verchinesierung der Gesichter auf den christlichen Bildnissen bereit waren. Dieses Moment, das noch sehr wenig untersucht und von enormer Bedeutung ist, findet seinen Höhepunkt, als der Pater Tellier unter den Namen der fünf oder sechs Jesuiten ausgewählt wird, die der Pater La Chaise, der Beichtiger des Königs während zweiunddreißig Jahren, auf dem Sterbebett dem König Ludwig XIV. als Nachfolger für seinen Beichtiger vorschlägt. In seinen *Erinnerungen* schreibt Saint-Simon über den Pater Tellier: »Er hatte in seinem Orden alle möglichen Ämter innegehabt und war als Lehrer, Theologe, Rektor eines Kollegs, Provinzial und Schriftsteller tätig gewesen. Er war damit beauftragt gewesen, den Konfuzius-Kult und die chinesischen Zeremonien zu verteidigen, er hatte in der Auseinandersetzung Partei ergriffen und ein Buch geschrieben, das ihm und den Seinen um ein Haar beträchtliche Unannehmlichkeiten bereitet hätte und nur dank zahlreichen Intrigen und Beziehungen in Rom lediglich auf den Index gekommen war; darin, so habe ich gesagt, hatte er es schlimmer getrieben als der Pater Le Comte, ein Theologe, der die Politik der Jesuiten in China verteidigt hatte, die von der Theologischen Fakultät in Paris und vom Parlament verurteilt worden war, und es nimmt wunder, daß er trotz diesem Makel Beichtvater des Königs hat werden können.«[11] Bekannt ist, daß es durch den Molinismus, der versuchte, die Gnade mit der Freiheit zu vereinen, wohlwollende Kontakte zwischen französischen und spanischen Jesuiten gab. So nämlich, daß wir im *Popol Vuh* über jesuitische Kopisten und drollige spanische Philologen des 18. Jahrhunderts eine Art Echo des Kampfs zwischen den Pandavas und Kauravas wahrzunehmen scheinen. Bei den Streitigkeiten zwischen Brahma und Shiva enthauptet dieser den Brahma und durchquert die drei Welten mit dem Haupt in der Hand, wie ein heiliger Dionysius. Als er nach Varanosi kommt, rollt ihm Brahmas Haupt aus den Händen, womit er frei von Schuld und das Blut getilgt ist. Diese Passage wechselt über zu den letzten Seiten des *Popol Vuh*. Um das Haupt Hunahpús zurückzuerlangen, das durch schlitzende Fledermäuse abgetrennt worden war, setzt sein Bruder Ixbalanqué einen Kürbis auf die Schultern seines toten Bruders und ritzt mit einem Kieselstein die Löcher des Gesichts hinein. Die galanten und humanistischen Jesuiten erregen sich nicht nur an den stürmischen Theogonien Indiens, sondern auch die Erinnerung an die odysseische Mythologie wird in das *Popol Vuh* geblasen. Der große Krebs, der am Fuß des Meauán-Bergs erscheint, »so groß, daß er einen Menschen mehrere Tage ernähren kann«, ist auch ein zu besiegender Riese, ein Riese gegenüber einem anderen. Zipacná verliert gegen den Krebs in der Höhle, obwohl er wortwörtlich den Ratschlägen folgt, die ihm vorschreiben, nur wenn er bäuchlings und über den Boden kriechend vorsichtig eindringe, sei es möglich, ihn zu fangen. Unbestreitbar ist die Erinnerung an den homerischen Polyphem und andere Polypheme gegenwärtig, und obwohl er verliert, was wie eine Umkehrung der Fabel erscheint, läßt er uns in dem Zweifel, ob Polyphem der Krebs ist oder Zipacná der Getäuschte. Das ist die große Verschlagenheit dieser jesuitischen Schriftgelehrten des 18. Jahrhunderts in dem Kampf, der sich in der Höhle entwickelte; es sollte kein Überlebender zurückbleiben, und es gab in dieser befremdlichen Polyphemiade nicht einmal die dionysische Möglichkeit des Odysseus, womit nicht nur der Tod des Ungeheuers, sondern auch der des verschlagenen Helden gesichert war. Vor den feindlichen Brüdern haben die finsteren Herren von Xibalbá einer nach dem anderen über die Verschlagenheit und Klarheit gespottet. Die Herren von Xibalbá wollen eher durch Magie besiegt werden als durch Intelligenz oder durch den listenreichen Odysseus.

In diesen ersten Theogonien sind das Kaninchen und der Kolibri bevorzugte Tiere, um dem Feuer und den Finten näher zu sein. Als die Zwillinge in einer verrückten Jagd die Tiere verfolgen, gelingt es ihnen für einen Augenblick, das Kaninchen zu fangen, aber das verging zwischen den Fingern wie Nebeltau. Das ist die bezaubernde Erklärung, warum das Kaninchen einen kurzen Schwanz hat. Als Ixbalanqué den Ball über die Spieler hinwegwirft, um über die wütende Miene der Herren von Xibalbá zu spotten, fängt das Kaninchen ihn auf und verschwindet im Wald, wobei es die Spuren mit den Hinterläufen verwischt. Eine Tat von radikaler Bedeutung, denn Ixbalanqué nutzt es aus, um den Kopf Hunaphús zu holen und ihn auf einen enthaupteten Körper zu setzen: den Kürbis, der ihn ersetzte, legt er auf die Mauer. Im Mythos vom Ursprung des Feuers bei den ecuadorianischen Stämmen kann der Kolibri, wie wir vorher skizziert haben, die Verschlagenheit Tacqueas überlisten. Er befeuchtet seine Flügel und schlüpft durch Tacqueas halboffene Tür, dieses Messer für die Feuerräuber. In funkensprühender Kürze, was ihn hindert, ein Feuerscheit mitzunehmen, fährt er mit seinen Schwanzfedern durch die Flammen, von wo er zum Makuna-Baum oder dem Baum mit sehr trockener Rinde fliegt; dort hüpft er schillernd durch die Wipfel und ruft: »Hier habt ihr das Feuer! Nehmt es nur schnell und nehmt es alle mit!« Wobei wir den zierlichen Kolibri in dem *rôle* des prometheischen Riesenkampfs sehen.

Wenn wir eine Sammlung chalquensischer Lieder durchsehen, im wesentlichen Kriegslieder eines mexikanischen Stamms, stoßen wir als erstes überrascht auf die Rundschilde, den heiser-wunden Schrei der Adler, das Auge der Rache, das eindringliche Rufen der kleinen Trommel, die den Blumen des zierlichen Ohrschmucks unterliegen, der Libelle, den Ohrringen und paradiesischen Girlanden: »die Rundschildrose und der hängende Zierstrauch werden euch Kraft geben, edle Erlauchte. Mit Kränzen aus Rosen und Amaranten in euren Händen werdet ihr verherrlicht werden. Mit Liedern und Blumen in der Höhe eurer Brust werdet ihr geschätzt sein und gut aufgenommen werden in der Stunde, da die Kämpfe entbrennen.« (*Cantos chalquenses*, ed. Ortiz Montellano)

Zwei Arten von Einbildungskraft springen ins Auge in diesen paradoxalen Theogonien und in diesen Kriegsgesängen, die eher voller verfeinerter Ruhe und Frieden als hitziger Kriegswut sind: die provenzalische Einbildungskraft, die, wie in der Einhornjagd, zum Tod des Ungeheuers neigt. Landschaft mit Jagdszenen, mit Kampfspielen in den Turnierschranken und Turnieren, mit *gaya scienza*. Die kolumbischen Ahnungen sind Erinnerungen an die minervischen Tauben. Karten unbekannter Städte, kunstvoll angelegte Gärten, die die Städte, je traumhafter sie sind, um so erfinderischer entwerfen. Im Augenblick der Spannung des sich nähernden Genusses schreibt der Admiral in sein Bordbuch: »Sie erspähten ein Rohr und einen Stock, fischten dann noch einen zweiten Stock heraus, der anscheinend mit einem scharfen Eisen bearbeitet war, sie griffen noch ein Rohrstück auf und sahen ein kleines Brett und eine Grasart, die von der üblichen verschieden war und auf dem Lande wuchs.«[12] Darin scheint der provenzalische Feinsinn mit der minutiösen Vollkommenheit einer chinesischen Zeichnung zusammenzufallen, peinlich bedacht, jedes Blatt und jeden Bambusschößling hervorzuheben.

Im anderen Zustand der Einbildungskraft werden die Ungeheuer in das unbekannte Land verlegt, in der *incunnabula*. Ich möchte das Fieber, welches das Europa der Frührenaissance durchzog, die Imagination Kublai Khans nennen, entfesselt durch die Reisen Marco Polos nach Zipangu. Die Imagination des Reichs, das um eine neue Stadt zentriert ist, durch eine Dynastie, die am Anfang steht, wohin man die Ungeheuer wie *neue Weltwunder* versetzen kann. Die Schellen im Kampf der Chalquensen scheinen an die musikalischen Anweisungen Kublai Khans vor dem Eintritt in den Kampf zu erinnern: »Als die Schlachtordnung hergestellt war, begann ein ungeheures Getöse von allerlei Blasinstrumenten und anschließend erschollen Gesänge. Das ist Brauch bei den Tataren, bevor sie den Kampf beginnen, der auf ein Zeichen anfängt, welches durch Zymbeln und Trommeln gegeben wird. Und derart wurden die Zymbeln geschlagen und die Trommeln gerührt und derart war der Gesang, daß er wundersam zu hören war.«[13] Noch zur Zeit von Coleridge, mit ihren marmornen Opiumwolken, behielt die Stadt Kublai Khans ihre emblematische Bildkraft. Man suchte überall etwas Mongolisches, Barbarisches und Ungewohntes, das die Müdigkeit der Sung-Dynastie beruhigte. Das innere Motiv der Eroberer ist es, ein neues oder barbarisches Blut zu finden, das auf der Höhe der Renaissance die neue Glut bringen sollte. Man könnte sagen, daß es an den Höfen Johanns II., Franz I. und Heinrichs VIII. den Wunsch gab, die neuen Mongolen, die neuen Barbaren, das neue Blut zu finden. Dieses Verlangen imaginärer Mongolensuche, zusammen mit den Resten der provenzalischen Einbildungskraft, hatte die Auffassung vom »guten Wilden« zur Folge und später dann die des »galanten Indien« in der gestauten Zeit Couperins, als die Müdigkeit der europäischen Einbildungskraft von der Suche nach dem *Guten* zum Finden der *Vergnügungen* abgesunken war.

Die Imagination Kublai Khans ist noch in unseren Tagen lebendig und leuchtend. Wenn in Hudsons *Das Purpurrote Land*[14] die Erzählung der Viehzüchter von Unwahrscheinlichem und Außergewöhnlichem zu der ungeheuren Riesenboa von der Größe eines Männerschenkels kommt, die die Luft einsaugt und so aus der Ferne die Beute in Bewegung setzt, bis sie in der Höhle ihres Schlunds landet, zieht sie sich zurück ins Weltalter der Imagination Kublai Khans. Die außerordentlichen Tiere von Kamandu, im Persien Marco Polos, lenken mit ihrem imaginären Netz das Auftauchen der anderen »Weltwunder«. Der »trockene Nebel«

bereitet schon die Falle für die ausgedörrten Reisenden vor, die, hingegeben an ihre einfältigen Vergnügungen, sich vom Staub und einhüllender Dunkelheit umgeben fühlen, bis sie unter Pfeilen erwachen, und der Hand süßen Rauchs, die beginnt, sie zu umfangen und ausbluten zu lassen.[15]

Diese elementare Einbildungskraft, die der Schöpfung von Einhörnern günstig ist und von Städten, die in einer Ferne erbaut worden sind, ohne daß ihr Dasein durch menschliches Zeugnis bestätigt wäre, brachte uns die Beurteilung als Unmündige und Kinder ein, mit der Hegel uns in seinen stolzen Vorlesungen über die Philosophie der Geschichte beschenkte, eine Beurteilung, die sich uns bis an die Grenze jenes evangelischen Verdienstes der ganz Kleinen ausdehnte, ohne das man nicht ins Himmelreich eingeht. Es gibt dort eine Bemerkung, die, glaube ich, noch nicht hervorgehoben worden ist, daß es nämlich nötig sei, im Amerikaner Bedürfnisse zu wecken, die seine Tätigkeiten fröhlicher Schöpferkraft aufkommen lassen. Die Schwäche der amerikanischen Menschenorganisation und der Mangel der absoluten Organe muß behoben werden und darüber hinaus das Bedürfnis geschaffen werden, fremde Landschaften aufzunehmen, ihre Zeugekraft zu nutzen, sich zu mobilisieren und einiges Selbstgefühl und goldene Souveränität zu erlangen. Hegel schreibt übellaunig und fast ganz frei von Ironie: »Ein Geistlicher hat, wie ich mich gelesen zu haben erinnere, um Mitternacht eine Glocke läuten lassen, um sie an Erfüllung ihrer ehelichen Pflichten zu erinnern.«[16] Hat man wohl bedacht, was diese eigensinnige Behauptung Hegels bedeutet, im Amerikaner den Begriff und die Erfahrung des Bedürfnisses zu entwickeln? Die spanische Lust, die auf uns als Unlust übergeht, als fehlende Ablehnung und Annäherung, die spanische Lust ist eine Bekundung mit negativem Vorzeichen; keine Lust haben heißt bei einem Spanier, sich für einen Widerstand rüsten, wenn jemand ihn aus seinem Verlangen reißen will. In der amerikanischen Lustlosigkeit gibt es eine Art zufriedenes Leben in der Ferne, in der Abwesenheit, in der Sternenkälte, womit die Entfernungen erreicht werden, die der unpersönliche König der Tanne beherrscht.

Es ist sehr bezeichnend, daß sowohl diejenigen, die ohne humanistische Bildung Chroniken schreiben, ein Bernal Díaz del Castillo, als auch die lateinkundigen, in theologischen Feinheiten beschlagenen Missionare in einer Prosa der Primitiven schreiben, die das Diktat der Landschaft aufnimmt, die Überraschung des Tiers, das, wenn es entdeckt ist, eingepfercht wird. Man bemerkt in den ersten amerikanischen Theogonien und auch noch in den Kriegsgesängen etwas nicht Gelöstes, ein Außersichsein angesichts der neuen Erscheinungen der Wolken. Es ist sehr merkwürdig, daß es bei den präcortesianischen Völkern die Überzeugung gibt, daß jemand kommen werde, man lebt in der Erwartung der neuen Erscheinung. Trotzdem wird bei den Chronisten das Erstaunen von derselben Natur diktiert, von einer Landschaft, die, begierig, sich auszudrücken, sich über den bestürzten Missionar stülpt, über den erstaunten Studenten, dem das Abenteuer den guten Abschluß eines humanistischen Diploms vereitelt hat.

So weit, daß, wenn die Schlacht sich auf dem meisterlichen Gemälde voller halluzinativ gearbeiteter Details niederläßt, die Indios in den Feldlagern und auf den Rängen, die um die Bugleuchte errichtet sind, überraschen. Das feierliche und zeremoniöse Füllhorn, das vor Cortés geöffnet wird, blendet ihn und schüchtert ihn ein. »Das erste«, heißt es bei Bernal Díaz del Castillo[17], »war eine außerordentlich schöne Arbeit, eine goldene, reichverzierte Scheibe in der Größe eines Wagenrads. Sie stellte die Sonne dar.« All das mochte die Spanier an die persischen Gesandtschaften vor dem Papst denken lassen, an die Ankunft der Gebrüder Polo im entlegenen Zipangu. Es gibt auf seiten der Azteken eine Art grausamen Drang, aus geheimer Verachtung, notwendig und unumgänglich die kastilische Armut, die Dürftigkeit ihrer Schiffe, die nur auf Beute aus waren, zu überhäufen. »Dann kam der Mond, eine noch größere, schwere silberne Scheibe, mit zahlreichen Figuren verziert.« Vor dieser sich überschlagenden vollkommenen Freigebigkeit wird Cortés leichtsinnig und schwankend, um mit den zauberhaften Dingen gleichzuziehen. Cortés muß sich verpflichtet gefühlt haben, aus seinem Handkoffer und seinen Geheimsachen dieses verborgene, heißgeliebte Stück zu holen, das wir alle auf Reisen mit uns führen, ein Medaillon mit Initialen, ein Messer mit ausfahrbarer Halbmondklinge. Der kastilische Edelmann, der selbst in seiner Armut das Opfer auf die Spitze treibt, schickt, als Gegengabe für die Sendung, »einen vergoldeten Florentiner Kelch mit feingeschliffenem Laubwerk und Jagdszenen«. Ein augenblickliches Aussetzen der Beherrschung, in dem die Frühlingsquartiere der Sendung mit der Prachtentfaltung streiten, wie bei der ersten Bewegung der Krieger, wenn sie sich gegenüberstehen und eine Eleganz bekunden oder den Falken fliegen lassen, allein wegen des Festes seines Kerzengelbs.

Die erste Gesandtschaft Moteczumas war bildsam bis in die Einzelheiten gewesen. Warum gingen die ersten Porträts verloren, die die Künstler Moteczumas von Cortés und seinen Hauptleuten machten? Als vortreffliche Künstler begeistern sie sich nicht nur an den neuen Gesichtern, sondern malen auch Windhunde, Kugeln und die unbekannten Pferde. Vor dem zeremoniösen Austausch der freigebigen Gastgeschenke spielt Cortés ihnen einen Streich, um sie zu erschrecken. Er befiehlt die großen Geschütze vorzubereiten, für den Knalleffekt, der durch die Schlünde des felsigen Geländes noch abgerundet wird. Die bildsamen Gesandten bemühten sich, nach der natürlichen Bestürzung, selbst den donnernden Knall zu malen, was ein Beweis dafür ist, dem Feind zuvorzukommen, indem man ihn in der vorherigen Zeichnung und der topographischen Voraussicht festsetzt.

Die Erzählung der Chronisten belegt es nicht, aber Cortés muß zunehmend bestürzt und insgeheim ängstlich geworden sein, als er die bildsamen Gesandten sah, die eifrig sein Heer Mann für Mann nebst Bestückung und Tieren kopierten. Auch ist der natürliche Jubel der Stammesmitglieder, als sie das Heer durch das Miniaturbild und die Verdopplung so gering und beschränkt ankommen sahen, nicht vermerkt. Und nicht die Totentänze, die unter den Porträtierten, den Verdoppelten vollzogen worden sein müssen, in dem Wissen, wie die Pfeile für jedes Gesicht zu gruppieren seien. Da die kämpferische Vorhut durch diese bildsame Verdopplung vervollkommnet worden war, versteht man, weshalb Cortés, als die überaus freigebigen und prachtvollen Sendungen kamen, nichts anderes übrig blieb, als zu dem Florentiner Kelch voller waldiger Jagdszenen zu greifen.

Weil solche zusätzlichen Erläuterungen dessen fehlen, was andere Jahrhunderte interessiert, haben wir keine ausreichenden Nachrichten über die Fälle von Spaniern, die von den Indios kolonisiert worden waren, wie jener Gonzalo Guerrero, der nicht dasselbe Schicksal wie Aguilar, der Übersetzer haben wollte. Er war bereits verheiratet, hatte bereits drei Kinder und bereits durchbohrte Ohren. Und er war auch Kazike. Außerdem wurde er ruhig und wirksam von seiner Frau beherrscht, die, als Aguilar, der Übersetzer, versucht, ihn herauszuholen, sagt: »Da seht mir einmal den Sklaven an, der kommt einfach hierher, um mir meinen Mann wegzuholen! Geht Euren Weg und kümmert Euch nicht um unsere Angelegenheiten.«[18]

Es waren die Männer ohne humanistischen Drang, die das Erstaunliche fassen konnten, das neue Einhorn, das nicht zurückkehrte, um zu sterben; die große Schlange, nicht aus dem Meer, eine saugend atmende Windhose, die aus der Ferne mit genußvollen Krämpfen für das nie gesehene Verlangen über das gebietet, was sie sich einzuverleiben wünscht. Die Männer der großen klassischen Bildung, ein Mateo Alemán, ein Gutierre de Cetina, die nach Mexiko geflohen waren, stammeln, machen Ausspracheübungen oder verlieren sich in kolonialen Abenteuern mit Seiderascheln und abgeblendeten Laternen. Im Bann der griechisch-römischen Mythologie, der Spätphase ihrer Glossatoren, konnten sie die neuen Mythen nicht mit genügender Kraft empfinden, um die vorherigen aus ihrem Unterbewußtsein auszutreiben. Zwei Mythen jedoch vor allem durchziehen in den letzten Waffenruhen der Kolonisierung und den ersten des Vizekönigtums die Werke des beginnenden Barocks, des amerikanischen Erwachens zur Sammlung und Sättigung. Der Mythos von Aktaion, der bei der Betrachtung der Musen in einen Hirschen verwandelt wird, der mit gespannt bewegten Ohren schläft und die Vorzeichen der Luft auskundschaftet.[19] Der andere Mythos, dem Plinius entnommen, ist der von der Wachsamkeit der Adler, die den Schlaf fernhalten, indem sie in der erhobenen Kralle einen Stein halten, damit, wenn der ihnen beim Einschlafen entfällt, ihnen gerade dadurch der Schlaf unmöglich wird.[20] Zeichen der Verschlagenheit, der Vorsicht und Rückversicherung: welche Feinde rechtfertigen diese äußerste Wachsamkeit? Wurde jene universelle Monarchie verwirklicht, jenes Licht des Reichs, jene verheißene Ökumene? Ganz im Gegenteil, nachdem das Zentrum im Mutterland schlaff geworden war, wurde das Bühnenbild mit seinen triefenden Karton-Wasserspeiern, mit der als Schäferin Marcela verkleideten Königin und dem König als kleinem Amor, zu dem Ort, wo der Mensch innerhalb der Natur vorrückt und sich dabei lediglich mit dem Geräusch seiner eigenen natürlichen Schritte begleitet, um die übernatürliche Gnade zu erlangen.

Die barocke Neugier

Dem 19. Jahrhundert war mehr noch als die Ablehnung die Unkenntnis des Barocks ein Divertissement. Das Gesichtsfeld war äußerst beschränkt, und man meinte mit diesem Begriff fast immer einen maßlosen, krausen, formalistischen Stil, dem es an wahrhaftigem und tiefgreifendem Wesen und an saftiger Fruchtbarkeit mangelte. Barock: dem Wort folgte eine Reihe von endgültigen Ablehnungen, von Anspielungen auf das Morsche und Leblose. Als in diesem Jahrhundert das Wort sich in eine andere Richtung wagte und sich als eine stilistische Bekundung aufwertete, die während zweihundert Jahren das Gebiet der Kunst beherrschte und die in verschiedenen Ländern und unterschiedlichen Epochen wie eine neue Verlockung und eine unbekannte Herausforderung wiederkehrt, erweiterte sich die Ausdehnung seines Herrschaftsgebiets derart, daß es die *Geistlichen Übungen* Loyolas, die Malerei Rembrandts und El Grecos, die Rubensschen Feste und die Asketik von Philippe de Champaigne, die Bachsche Fuge, ein kaltes Barock und ein glänzendes Barock, die Leibnizsche Mathematik und die Ethik Spinozas umfaßte, und irgendein Kritiker verstieg sich sogar zu der Verallgemeinerung, das Land sei klassisch und das Meer barock. Wir sehen, daß hier seine Macht ihre höchste Anmaßung erreicht, denn die barocken spanischen Schiffe durchqueren ein Meer, das von einer gleichfalls barocken Tinte eingefärbt ist.

Ausgehend von den Eigenarten, die wir an einem europäischen Barock aufzeigen könnten, Anhäufung ohne Spannung und Asymmetrie ohne Plutonisches, und die einer Weise entstammen, sich dem Barock zu nähern, ohne die Gotik zu vergessen, und im Zusammenhang mit jener schneidenden Definition Worringers stehen, das Barock sei eine verfallene Gotik[21], ist unsere Einschätzung des amerikanischen Barocks gehalten, das deutlicher zu bestimmen: erstens gibt es eine Spannung im Barock; zweitens Plutonisches, ein ursprüngliches Feuer, das die Fragmente bricht und sie vereint; drittens ist es nicht ein Stil des Verfalls, sondern der Fülle, der in Spanien und in Spanisch-Amerika für Errungenschaften der Sprache steht, die vielleicht einmalig in der Welt sind, für Möblierung und Wohnraumgestaltung, für Arten des Lebens und der Neugier, für eine Mystik, die ganz neue Formen der Andacht entwickelt, für Weisen des Schmeckens und der Speisenzubereitung, die allesamt eine Lebenshaltung verströmen, die vollendet, verfeinert und geheimnisvoll ist, theokratisch und selbstbezogen, umherschweifend in der Form und fest verwurzelt in ihrem Wesen.

Wenn wir die Formel Weisbachs wiederholen und sie dem Amerikanischen anpassen, können wir sagen, das Barock sei bei uns eine Kunst der Gegenkonquista gewesen.[22] Es stellt einen Triumph der Stadt dar und steht für einen Amerikaner, der sich dort mit Vergnügen niedergelassen hat und auf ganz normale Weise lebt und stirbt. Ein Mönch, in barmherzig-theologischem Scharfsinn, ein armer oder reicher Indio, ein Lehrer prachtvoller Latinismen, ein Heerführer mit metrischem Müßiggang, ein Estanziero, der in träge ungestillter Einsamkeit rhythmisch klagt, sie alle beginnen ringsum zu weben und zu wirken, kreiseln freundschaftlich und guten Muts durch Vorstädte, ein Typus, ein Gesichtsausdruck des Amerikaners im Lot, in seiner Schwere und Bestimmung. Der erste Amerikaner, der als Beherrscher seiner Schätze auftritt, ist unser barocker Herr. Mit seinem liebevoll halbfranzgebundenen Ronsard, mit seinen breiten Buchdeckeln für den Mantuaner Schwan, mit seinen heimlichen Faltblättern voll loser Bosheiten Góngoras oder Polo de Medinas, mit dem perlenbesetzten Silberzeug des Góngoraschen Sonetts oder dem gefangenen Gerippe im Quevedischen Sonett. Bevor er sich müßig zurücklehnt, hat er sich den erlesenen Soconusco-Kakao, ein Geschenk seiner strengen bischöflichen Hochwürden, mit cartesianisch-schlauer Vorsicht einverleibt, um die wie ein roter Amethyst stechende Gicht abzuwehren. Und so sitzt er bereits im höhligen Sessel des Auditors und sieht das Aufkommen der *sans-culottes* in langsamen, grauen, wahrhaftigen und ewigen wogenden Massen.

Dieser amerikanische barocke Herr, der sich als erster wirklich im Unsrigen niedergelassen hat, auf seinem Hof, seiner Domherrenpfründe oder in seinem stets für Reisende offenen Haus, Armut, die die Vergnügen der Intelligenz erweitert, erscheint, als das Getümmel der Konquista und die Parzellierung der Landschaft durch den Kolonisten bereits fern sind. Es ist der Mann, der zum Aussichtspunkt kommt, der langsam die sandige Stirn vom verschlingenden Spiegel löst, der sich nahe der Mondkaskade niederläßt, die er sich in seinem Traum selbst errichtet. Wenn er die Sprache mit Genuß spricht, verflicht und vervielfältigt sie sich; wenn er ihr Leben schmeckt, verdichtet sie sich plötzlich und voller Eifer. Dieser amerikanische Herr hat begonnen zu genießen und zu schmecken, eine wohlabgerundete Sache; wenn man sie ihm entzieht, kreischt und schreit er. Sein Leben hat sich in eine Art großes verfeinertes Ohr verwandelt, und es entwirrt in der Ecke seines sehr geräumigen Salons die *imbroglios* und wirbelt die einzelnen Blätter auf. Der Salon wurde *galpón* genannt, was soviel wie Schuppen bedeutet und aus der Sprache der Inseln über dem Wind stammt; der Inka Garcilaso schreibt dazu: »Die Inkakönige hatten so große Säle, daß sie als Platz dienen konnten, in denen die Feste stattfanden, wenn es regnerisch war.«[23] Dieser Herr fordert ein Ausmaß: das seines großen Saals, in dem er das Fest anstimmt, mit allen Lüstern, deren Irrlichter sich im Spiegel vervielfältigen, und in dem der Tod mit seinen Schauspielertruppen auftritt, mit seiner Prozession aus

Ochsen und seinen Umhängen, welche die trübe Feuchtigkeit der venezianischen Spiegel aufsaugen.

Wenn wir den Innenraum einer Kirche in Juli oder eines der Portale der Kathedrale von Puno, beide in Peru, betrachten, bemerken wir, daß dort eine Spannung herrscht. Zwischen dem buschigen Schwall der Trifolien, von Emblemen mit fernen inkaischen Erinnerungen, von verflochtenen Rosetten, von Mauernischen, die Meeresgrotten gleichen, bemerken wir, daß die Anstrengung, eine einigende Form zu erlangen, unter einer Spannung steht, einen Impuls erhält, zwar nicht in vertikaler Richtung wie in der Gotik, aber doch einen Impuls, der sich der Form zuwendet, die auf der Suche nach ihrem abschließenden Merkmal ist. In der Rosario-Basilika in Puebla, in der zu sitzen ganz nach dem Geschmack unseres barocken Herrn ist, ist der gesamte Innenraum, sowohl an den Wänden als auch auf den Säulen, ein rastloser Schwall aus Ornamenten ohne ausgeklammerten Freiraum. Wir bemerken auch dort, daß eine Spannung besteht, als wolle der barocke Herr inmitten dieser schwelgenden Natur, dieses vom streitbaren Stein aufgesaugten Walds, dieser Natur, die sich aufzulehnen und für ihre Rechte einzutreten scheint, ein wenig Ordnung schaffen, aber ohne etwas zurückzuweisen, einen unmöglichen Sieg erringen, bei dem alle Besiegten die Ansprüche ihres Stolzes und ihrer Verschwendung aufrecht erhalten könnten.

Wir sehen, daß es zusätzlich zu dieser Spannung etwas Plutonisches gibt, das die Fragmente verbrennt und sie als bereits verwandelte auf ihren Abschluß zutreibt. In den kostbaren Arbeiten des Indios Kondori, in deren ursprünglichem Feuer man so viel von dem finden kann, was den banalen Stolz der zeitgenössischen Architekten ausmacht, läßt sich ein Moment von Vermessenheit, von Erstaunen beobachten: das *Indiotum.* Auf dem Portal von San Lorenzo in Potosí erscheint inmitten der Engelmasken, der hängenden Steinblätter, der Schlußsteine, die wie Galeeren über den behauenen Stein segeln, prunkvoll und hieratisch eine Inka-Prinzessin mit allen Kennzeichen von Macht und Verachtung. In einer theologisch geschlossenen Welt, die noch voller mittelalterlicher Inbrunst für das Göttliche ist, hat diese Figur, diese Vermessenheit des Steins, unter dem Zwang, Symbole auszuwählen, alle Elemente zum Lodern gebracht, damit die indianische Prinzessin am Festzug der Lobpreisungen und ehrfurchtsvollen Verbeugungen teilnehmen kann.

Unser Barock also, das wir gegen Ende des 17. und im ganzen 18. Jahrhundert situieren, zeigt sich der Aufklärung gegenüber entschieden freundlich. Wenn es sich auf die cartesianische Wissenschaftlichkeit stützt, nimmt es sie gelegentlich sogar vorweg. Die fünfhundert polemischen Bände, die Sor Juana in ihrer Zelle hat, und welche die übermäßige Ergebenheit des Paters Calleja auf 4000 ansteigen läßt; viele »kostbare und vortreffliche mathematische und musikalische Instrumente«; der Nutzen, den sie für *Primero Sueño* aus dem fünften Kapitel der *Abhandlung über die Methode* zieht; die Kenntnis der *Ars magna* Kirchers (1671), eine Rückkehr zu den alten Summen des Wissens einer Epoche: all das führt ihre barocke Art zu einem universalen wissenschaftlichen Erkenntnisdrang, der sie der Aufklärung annähert. Bei dem Freund der hieronymitischen Nonne, Don Carlos Sigüenza y Góngora, blitzen die Sprache und das Verlangen nach Physik und Astronomie wie die Schleppe Junos auf. Er ist eine außerordentlich angenehme Erscheinung, unaufhaltsam neugierig, durch und durch freigebig bis zur Verschwendung, unter der Soutane verliebt, und er vereint die blühendste Pracht des gepflegten Worts mit dem sorgfältigsten Geist der Wissenschaft. Sein *Manifiesto filosófico contra los cometas* und seine *Libra astronómica* rechtfertigen mit der Überraschung der Namen die Erneuerung im dichterischen Wort und den Drang nach physikalischer Erkenntnis der Naturgesetze, die über die

Natur hinausgehen, als Versuchung, sie, wie Doktor Faust, zu beherrschen.

Jene »Weltwunder« der Konquistadoren erscheinen von neuem als der überraschende »physikalische Versuchsraum« dieser Barockmenschen der Aufklärung. Bei Gracián tauchen in der Erinnerung an den Salastano-Palast die Vollkommenheiten des, wie er sagt, kandierten Brasilien auf, wobei er die Juwelen Senecascher Essenzen mit der Kruste eines mehligen, realistisch-strotzenden Stoffs aus Unmittelbarkeit vermischt.[24] Nicht nur durch diese Nähe zur Aufklärung zeichnete sich unser Barock eigens und wirksam aus, sondern auch in den Versuchen der Jesuiten, in Paraguay ein Falanstère, ein Paradies zu schaffen. Damit kehrte es zu einer Unschuld zurück, die unser Barock zu einem reinen Anfang machte. Und auch wenn in der Aufklärung etwa Voltaire oder Diderot dieses Werk der Gesellschaft Jesu lächerlich zu machen schienen, bemerkt man doch in ihm den Geist, der beide doppelt lächerlich macht: Voltaire durch die Jesuitenpatres Sejée und Porrée, seine Lehrer, und Diderot bei den Auseinandersetzungen im Zusammenhang der Enzyklopädie, bei denen er endgültig lächerlich aussah. Aber noch bevor wir vom neuen Paradies reden, wollen wir über die Zartheit in der Nachahmung spanischer Dichtung sprechen, die sein Vorspiel ist und es durchscheinen läßt.

Wenn wir das spanische Echo auf den Gongorismus betrachten, merken wir, daß Pedro Soto de Rojas mit seinem langsamen Genuß und seiner ausgedehnten Lust es nicht schafft, das Funkensprühen, das metallische Feuer Góngoras in den Griff zu bekommen, da er es durch allzu viele fruchttragende Türen und Tore gehen läßt, die seine Intention drosseln; Trillo y Figueroa bleibt beim dilettantischen Sonett stehen, ein Spiel grüner Magie, und Polo de Medina, der kurze Zeit bei der Myrte aus Murcia verhält, gibt dem düsteren Quevedianischen Apolog nach. In Amerika hingegen erscheinen seine Intentionen auf Leben und Dichtung, auf Knistern der Form, auf einen plutonischen Gehalt, der gegen die Formen angeht wie gegen eine dicke Mauer, erneut bei dem Kolumbianer Don Hernando Domínguez Camargo. Die gleiche entfesselte Intention, die gleiche verächtliche Haltung bei dem, was die gemeinen Geister für schlechten Geschmack halten. »Das Berauschende am schlechten Geschmack«, sagt Baudelaire, »ist das aristokratische Vergnügen zu mißfallen«.[25] Sein von den Pseudohumanisten der Halbinsel so sehr belachter »Platzhalter der Mutterbrust«[26] hat dieselbe Höhe wie der »Blitz karmesinroten Gelächters«[27] und der »Bacchus im Windbett eingeschlafen«[28].

Seine Bankette aus Sternen und neuen Früchten, sein Ignatianischer Ball, ein Loblied auf das baskische Pelotaspiel, das Männer spielen, die nach der Glückseligkeit streben, die Billiardpartie um dreißig Soles zwischen einem Doktor der Sorbonne und dem heiligen Ignatius, um nicht zuviel zu sagen:

> Während nun sein Elfenbein der Doktor
> mit geschickter Hand dem Ring zutreibt,
> ohne daß Loyola ihm Gewalt antäte, raubt
> er dem gegnerischen Elfenbein den Sieg:
> er stößt den edlen Spielball derart in den Ring,
> daß die Kugel, durch den Aufprall flüchtig,
> haargenau eindringt und, meisterhaft gezielt,
> in dem beringten Säckchen hängenbleibt.[29]

Mehr noch als eine Lust, ein Genießen der Cordobeser Juwelen und der Granadiner Glasfrüchte, erscheint bei Domínguez Camargo der Gongorismus, ein sehr amerikanisches Zeichen, wie ein Verlangen nach erneuernder Raserei, nach trotziger Rebellion, nach entfesseltem Stolz, das ihn zu luziferischen Ausschweifungen führt, um innerhalb des gongorinischen Kanons eine noch ausschweifigere Ausschweifung als die Góngoras zu schaffen, um den Umriß zu zerstören, mit dem er gleichzeitig versucht, eine von sich aus fruchtbare und kühn-vermessene Sprachnatur zu zähmen.

Es kommt wie ein kühler Führer, um die Hitze des Stils zu zähmen: ein Gedicht, das noch nicht sehr gut in seiner Sprachlast erforscht worden ist, eher abgelehnt von gemeinen Geistern und Rhetorikern als mit Vernunft und Neugier untersucht, die *Selvas del año,* deren Erscheinen jüngste Forschungen an den Anfang des 18. Jahrhunderts legen; wir möchten es, statt mit seinem richtigen Namen *Selvas del año* den *Aragoneser Anonymen des 18. Jahrhunderts* nennen. Die Sprache, die weniger vornehm als die Góngoras ist, gibt sich wie ein Spiel aus höfischem Benehmen und Freundschaft. Wenn wir seine freigebige Blütenpracht, sein flüssiges Schnörkelwerk mit denen von Soto de Rojas vergleichen oder mit denen des Kolumbianers Domínguez Camargo, stoßen wir in unmittelbarer Überraschung darauf, daß, ohne die Lust des ersten zu haben, die ruhigere Sprache des *Aragoneser Anonymen* sich mehr zu späteren Verflechtungen und Verfeinerungen eignet, und daß sie, ohne die Erneuerungswut des Kolumbianers an den Tag zu legen, größere Sicherheit in den Kunstgriffen zeigt und einem festeren Faden beim sprachlichen Umriß folgt. Daß es, ohne die geringste Grundlage, Gracián zugeschrieben wurde, entbehrt nicht boshafter Hinterlist, um die Natur seiner Sprache und den Ton seiner Errungenschaften zu kennzeichnen. Seine Verse scheinen fast mit den Beispielen der *Agudeza y arte de ingenio* zu spielen. Die Verkleidung seiner Metaphern scheint ein Marktschreier mitzutragen, der sein Geschick und seine Herkunft verkündet. Schaut euch, ob es stimmt, diesen Nelkenstock edelster Art und Abkunft an:

Der duftenden Rose Galan ist
der Nelkenstock mit seinem Rotmund;

Ambra verströmt er und Balsam
in seinem purpurnen Kleid
im Wettstreit mit dem seiner Dame;
an scharlachrot leuchtenden Schläfen
quellen ihm blondweiß die Locken,
Silberglanz zwei kleiner Hörner.

Wir sehen, wie das Gedicht angesichts des Nelkenstocks von dessen Farbe und Feuer gefangen wird: »rotmündig«, »purpurnes Kleid«, »scharlachrot leuchtende Schläfen«, »blondweiße Locken«. Der Dichter versucht, die Pracht der Blume lediglich durch Kleidungsstücke zu enthüllen, ein Mittel, das er für angemessen hält. Es gibt keine *addenda,* kein tiefschürfendes Ergründen, um die flüchtige Blume in ihrer eigenen Wirklichkeit intuitiv neu zu fassen. Wie fern ist das Vorgehen eines Góngora, wenn der, auf den schleimig glatten Meeraal anspielend, mit seiner schleimigen Glätte an die Ursprünge seiner triumphal neuen Schwimmweise im Bekken der Poesie rührt.[30]

Allgemein sind es die dichterische Tonlage und Erhabenheit des *Aragoneser Anonymen,* die den Ausschlag für den amerikanischen Gongorismus geben. Nur scheint uns, daß der amerikanische Gongorismus über seinen sprachlichen Gehalt hinausgegangen ist und den Tagesablauf des bereits erwähnten barocken Herrn begründet hat. Ein Neffe Don Luis de Góngoras saugt sich in diesen Breiten nicht nur mit dessen Manier, Formeln und lateinischen Aufrissen, mythologischen Wolken, voll, sondern in Carlos Sigüenza y Góngora, rundet sich die Vornehmheit, der Genuß, die intellektuelle Delikatesse dieses barocken Herrn ab, der in eine Landschaft eingegliedert ist, die bereits zu ihm gehört, der Aufgaben ausführt, die ihn erwarten, der alles vornehme Leben genießt.

Neben dem umherirrenden Don Luis de Góngora, der nirgends hinpaßt, ein zähneknirschender Domherr, abhängig von Adeligen, die ihn die Klagetinte seiner Bittschriften und seines Elends in Strömen ausschwitzen lassen, verwirklicht sein Neffe in Amerika, Don Luis de Sigüenza y Góngora, ein glänzendes Lebensideal. Er studiert bei der Gesellschaft Jesu und faßt mit siebzehn Jahren seine ersten Mußestunden in Reime. Er verläßt den Orden und studiert an der Universität. Er hat einen Lehrstuhl für Astrologie und Mathematik inne. Er veröffentlicht Bücher, bei denen der bloße Titel schon etwas von einem Gedicht hat und sie einem von vornherein sympathisch macht: *Mathematischer Bellerophon gegen die astrologische Chimäre*. Seine Biographie enthält köstliche kleine Einzelheiten, wie etwa, daß Ludwig XIV. ein Bankett in Paris erfunden habe, um ihn unter seinen geladenen Gästen zu haben. Er studiert die alten mexikanischen Volksstämme und zettelt kartographische Expeditionen an die Küste Floridas an. Er war ein Freund von Sor Juana Inés de la Cruz und weinte bei ihrem Tod. Sein *Triunfo parténico* ist ein Lobgesang zu Ehren der Jungfrauengeburt Marias; und er war königlicher Kartograph. Der Archetyp des barocken Herrn. In Gestalt und Abenteuer, in Kenntnisreichtum und Genuß. Nicht einmal im Spanien seiner Tage kann man jemanden finden, der ihn in der Kunst überträfe, eine Landschaft zu genießen und sie mit kunstvollem, metrischem und üppigem Gerät anzufüllen.

Wenn jemand mit einer These, der das Glück günstig gewesen ist, das Barock als Kunst der Gegenreformation betrachtet hat, dann muß man im Zentrum der Gesellschaften, die zur Verteidigung Roms aufbrechen, die *Geistlichen Übungen* sehen, mit ihrem Vertrauen auf den Willen, um die *performance* auf dem Weg der Läuterung gespannt zu halten. »Wir benutzen die Tätigkeit des Verstands«, heißt es in den *Geistlichen Übungen,* »indem wir denken und die des Willens, indem wir empfinden.«[31] Es herrscht hier vielleicht eine Art Vertrauen darauf, daß die Form das Wesen umgreifen wird; auf die erste Religiosität durch die Form, durch die Liebe zum Sichtbaren, denn in welcher Form sollte der Wille wohl wirken, wenn nicht auf die Sichtbarkeit. Auf sein Konzept der *Zusätze*, in dem sich zeigt, daß die Wochen einander in wilder retrospektiver Wachsamkeit folgen. Auf genau das Prinzip und Fundament, auf dem die gesamten *Geistlichen Übungen* zu ruhen scheinen, auf zwei Abhängigkeiten, auf zwei konzentrischen Unterordnungen. Der Mensch für Gott »und die übrigen Dinge auf dem weiten Erdenrund sind für den Menschen geschaffen.«[32] Der Mensch für Gott, wenn der Mensch alle Dinge genießt, wie bei einem Bankett, dessen Endzweck Gott ist.

Das literarische Bankett, die wuchernde Beschreibung von Früchten und Meerestieren, ist jubelnd barocken Ursprungs. Wir wollen versuchen, mit plateresken Teilnehmern der einen und der anderen Welt eines dieser Feste zu rekonstruieren, die von dem dionysischen wie dialektischen Streben beherrscht waren, sich die Welt einzuverleiben, sich die Außenwelt anzueignen im Verwandlungsofen der Assimilation.

Der erste ist, wegen seiner guten Verwendung des erlesenen Fadens, der Domherr Domínguez Camargo aus Bogotá, dem der Gaumen im Mundwinkel übergeht, und der mit der Serviette über den kleinen Schaum dort fährt:

> denn es gibt einen Küchenchef,
> der die Vögel so vollkommen nachmacht,
> daß sogar die Servietten noch fliegen.

Und damit das Gezweig der Natürlichkeit sich in die Grotten der Kunstfertigkeit legen kann, bringt die fröhliche Gesundheit Lope de Vegas Kohl und Auberginen mit. Ein bißchen fröhliches Gemüse inmitten der Speisen, die das Feuer goldbraun werden läßt und verwandelt:

den Gemüsegarten färben
violette Auberginen
und der grüne Kohl, ein Freund,
wie Pergament, des Feuers.

Übergoldet bringt Don Luis de Góngora aus Córdoba eine weitere Feinheit mit, die er der über die Tischtücher hereinbrechenden Natur hinzufügt, eine Erfindung, halb Kunstwerk und halb Natürlichkeit:

und die grüne junge blühnde Ebene
mögen seine weißen Schafe schlohweiß machen,
in knappen Stunden abgeweidet alles Gras;
es möge Gold auspressen, flüssiges, dem Baum Minervas
und – die Ulme kopulierend mit den Reben –
während diese Herkules mit Trauben kränzen,
mög Bacchus dessen Keule packen.[33]

Aber bei so viel Auberginen, Kohl und Oliven braucht es vielleicht etwas Öl, das Sor Juana in ihrer engelhaften Obsidianlampe bringt, und das hilft, damit die kurzen Zweige und natürlichen Kügelchen durch das dichte Meer des Öls ziehen:

heilige Fackeln der ewigen Flamme
löscht sie aus, entweiht sie gar,
indem ihr Öl wie klare Flüssigkeit sie
trinkt, Öl, das der göttlichen Minerva Baum
aus seiner Frucht, durch starken Druck belastet,
bekümmert ausschied und bezwungen abgab.[34]

Bruder Plácido de Aguilar gibt das Schweigen seines Ordens auf, im einzigen köstlichen Gedicht, das von ihm bekannt ist, und serviert uns den ersten Gang, eine gut gekühlte Bergamotte:

die gelbe Bergamotte, der Pomona
des Alters Zeichen, Gram und Leid, gibt,
mit blassen Warzen oder Muttermalen.

Wie wir ihm in der Gestalt von Kohl und Aubergine Zutritt gewährt haben, kehrt jetzt Lope de Vega mit den bekleideten Krebsen zurück, die der Feuerzähmung ihrer weißen Zartheit und Vollendung widerstehen:

Nicht die Meerestiere, an den Fels geklammert,
dessen salz'ge Höhlen trocken liegen,
Krebse, rückwärtskrabbelnd, ähnlich
dem Zeichen, das als der Sonne Zeichen Esse ist.

Und aus Höflichkeit, die zugleich eine Festung ist, übergeben wir Leopoldo Lugones das größte und Haupttablett; er springt aus dem Barock des goldenen Zeitalters heraus und zeigt uns, daß in unseren Tagen jenes Barock ebenfalls unerläßlich ist:

Und dann kommt zur Feier des Besuchs
kunstvoll-rötlichbraun herein das Huhn, gewichtig,
das für einen Augenblick das Schweigen seines Siegs
gebietet,
unter dem feurigen Duft der gebratenen Zwiebel.
Erneut läßt man nun die Karaffe füllen;
und als ergänzende Erklärung unsrer wonniglichen
Mahlzeit
erbittet sich am Fuß des Tisches
die Katze mit geziertem Miau ihr karges Fleisch.[35]

Es ist bereits Zeit, den Wein aufzutischen, der die lange Welle der Assimilierung des Barocks zeigt, mit einem kräftigen, erlesenen französischen Wein, den Alfonso Reyes mitbringt, ein Elexier aus vielen feinen Körperchen, von einem seiner verschiedenen Ausflüge, für die wir ihm ewigen Dank bewahren:

Ich war ein General mit Federbusch und Schulterstück
Liebesfeuer und Alarmgeschrei
Mit Stentorstimme gab ich das Kommando auf der
  Straße
Gegenüber von Château Lafite:
Präsentiert ... das Gewehr.[36]

Um den verlockenden Wettstreit der Früchte von beiden Seiten der Meere zu vermeiden, kommt erneut der *Aragoneser Anonyme* mit seiner Sprache aus geschliffenen Diedern, aus glattgehobelten Karniesen, und reicht uns eine kleine Birne, glasierte Flüssigkeit und plattereskes Fruchtfleisch, Sehne des Geschmacks, die sich in einem Bogen von beispielhaftem Abschluß spannt:

Inmitten auch der strahlendweißen Tücher
der ersten Blumen
kommen früh die kleinen Birnen schon heraus,
von allen wohl die ersten,
und da sie Königsbirnen sind und noch so klein,
so scheinen sie die Hoffräulein der Birnen.

Als werde die archetypische Levitation vorbereitet, durchdringt der edle Rauch unseren Körper, der rätselhafte und unerläßliche Tabak, den einer der unsrigen zum Gastmahl mitgebracht hat, einer von höchst verdientem und stillem dichterischen Ruhm, unser geliebter poetischer Zeuge Cintio Vitier:

... welch entzückende
Gewährung verzögert und tilgt rasch und zärtlich
die Welt des keuschen Tabakblatts?

Der Rauch tritt in die Nacht hinaus, entspringt dem
Vergessen;
er brennt mit meinem Fleisch und beraubt mich ...[37]

Und die ängstlich, wie jemand, der vom Adel einer spröden Bohne abhängt, erwartete Gabe der Ferne, den türkischen Kaffee, empfangen wir schon nicht mehr mit Dichtung, sondern in der Form, die durch die Geheimnisse einer Bachschen Kantate erreicht ist, in ihren edlen wie possierlichen Tempi zur langsam zählenden Begleitung des Kaffees, was sowohl in der orientalischen Dimension des Barocks stattfinden kann, im Chinesischen Salon im Schloß Schönbrunn Maria Theresias von Österreich, als auch in der entgegengesetzten Dimension des Barocks, im *fumoir* aus Ebenholz und Edelsteinen, einem Geschenk einer chinesischen Kaiserin an den mexikanischen Stolz, der im Chapúltepec-Palast in Mexiko-Stadt zu sehen und den fruchtbaren Mußestunden jeder amerikanischen Seele lieb und wert ist.

Wenn wir bei dem barocken Bankett zwischen den einzelnen Plätzen das eine oder andere kontinentale Scharnier anbringen mußten, gibt es doch einen Bereich, der uns *nemine discrepante* entspricht, den des Traums, in dem Sor Juana Inés de la Cruz ihre Fülle und die Fülle der dichterischen Sprache ihrer Zeit erlangt. Es ist das erste Mal, daß in der Sprache eine amerikanische Gestalt einen überlegenen Rang einnimmt. Während der Herrschaft Karls II., als bereits der umgekehrte Einfluß des Amerikanischen auf das Spanische deutlich wird, ist sie die zentrale Gestalt der Dichtung. Ihr Kampf, gleichermaßen eingegeben und geleitet von einem abschließenden Willen – und sie rät, man solle lediglich ein kleines Stückchen lesen, das sie *El sueño* (Der Traum) nennt, weil sie darin mit der Dichtung im äußersten Winkel geblieben sei, abseits der höfischen Auftragsgedichte, der Triumphzüge und Ehrenpforten für die Vizekönige, der gewidmeten Vortrefflichkeit, die sie zum Vergnügen als Gruß an die Gattin des Vizekönigs betreibt –, ist ein unsichtbar heldenhafter, unterirdischer Kampf, der jedoch im Mittelpunkt ihres Lebens steht. Auch wenn sie erklärt, *Primero sueño* habe sie Góngora nachahmend geschrieben, ist das doch eher eine bezaubernde Bescheidenheit als eine literarische Wahrheit. Die Dimension des Gedichts ist eine ganz andere als die der sinnlichen Feste im Umkreis der meridionalen Hochzeiten, der Ruhe von Bauernmädchen und Ziegenhirten in Gegenwart der weisen und bärtigen Ziegen. Es ist genau das Gegenteil eines Gedichts der Sinne, es ist geschrieben angesichts des ersten Rückzugs der Natur in der Nacht und der geheimen Reise unserer Verbindungen zur Außenwelt durch die unterirdischen Wohnstätten. Die Anspielung auf Proserpina und Askalaphos, das finstere Klatschmaul, erhalten eine gänzlich andere Richtung und Ausführung als bei Góngora. Sie scheinen genau dort aufzutauchen, wo ihre dichterischen Exerzitien mit ihrer scholastischen Lektüre zusammentreffen. Noch die flüchtige Zuwendung und das Überfliegen des Gedichts haben ein *tempo lento,* das sich sehr vom *vivace e maestoso* der *Soledades* unterscheidet. Es scheint, als ahme es den langsamen Lauf eines unterirdischen Flusses nach, während die Substanz des Traums jene Gegenden durchlöchert und durchdringt. Gewiß, einige Gedichte aus Lope de Vegas *La Circe* weisen auch eine flüchtige Lektüre der Scholastiker auf, aber sie waren doch eher die tänzelnden Umschweife eines Geistes, der in seiner Außenwelt aufgeht und mit dem Eros verschmolzen ist. Bei Sor Juana jedoch geht die Scholastik des Körpers vollständig in ihr Gedicht über. Wenn sie vom Lebenssaft, dem Chylus der scholastischen Medizin redet[37], scheint es, als spiele sie auf unsere eigenen Wälder an, die von der mütterlichen Tiefe der Nacht belebt sind. Ihre Dunkelheit steigt zu unseren Tiefen herab, um mit dem Unausgesprochenen zu verschmelzen – wobei sie verhindert, daß das Licht, wenn es jenes einlädt, es verscheucht – und damit es sich durch den Abstieg in die Tiefen leichter löst, was immer ein Geschenk der Dunkelheit ist.

Die Art und Weise des *Sueño* unterscheidet sich nicht von der, wie solche Themen in der Renaissance-Dichtung behandelt werden, und reicht noch bis zu Rilkes *Die Sonette an Orpheus* oder Valérys *Narcisse*. Oberflächliche Kenntnis des mythologischen Gewebes, einfache Darbietungsform und äußere Gestalt, vertieft durch verschleierte persönliche Bezüge, verstärkt durch das eigene Werden des Gedichts, was ihm so den Schatten der Tiefe verleiht. Wenn wir an diese Vorgehensweise erinnern, dann lediglich um Sor Juana zu rechtfertigen. Das Gedicht beginnt mit der Flucht der Tiere des Tags, die den Schatten und den Nyktalopen Platz machen, und leitet so die geheimen und mühsamen Vorgänge des Traums ein. Es endet mit der Heraufkunft des Tags, verteilt die Farben und öffnet die Sinne. Aber die Größe des Gedichts besteht nicht in der Gewandtheit oder Befremdlichkeit seiner Entwicklung, sondern in der Ausdehnung, die ein so umfängliches Thema wie das Leben und der Tod einnimmt, aus dem sie nicht das Wunderbare und das Außergewöhnliche zieht, sondern klug einteilende Behutsamkeit, Abstufungen des Seins, um die Erkenntnis zu erhalten. Wenn wir diese Weise, sich dem Traumhaften zu nähern, vergleichen, unterscheidet sie sich in erster Linie dadurch vom zeitgenössischen Surrealismus oder der deutschen Romantik der ersten Hälfte des 19. Jahrhunderts, daß es nicht darum geht, eine andere Wirklichkeit zu suchen, eine andere magische Kausalität, sondern der Traum erscheint, mit sichtbaren cartesianischen Anklängen, als Form der Herrschaft durch das Überbewußtsein. Es gibt eine Weisheit, so scheint sich aus dem Gedicht herauszulösen, im Traum, die aber über dem Stoff der unmittelbaren Wirklichkeit erarbeitet ist. Vom Anbrechen der Nachtzeit bis zum zenitalen Irisieren wird die ganze Stufenfolge der Hierarchie durchlaufen – von den Mineralien über die

Pflanzen und Tiere bis zu den Engeln und Gott –, eine Arbeit, bei der die Welt des Bewußtseins und der Erkenntnis weiter besteht. So benutzt Sor Juana im Traum den Mythos der Arethusa-Quelle, die, in einen unterirdischen Fluß verwandelt, gleicherweise die Stätten der Unterwelt Plutos wie die wonnevollen Elysäischen Felder durchfließt, und setzt den Kampf fort, das Wunder der Welt des Tags zu begreifen, das faustische Verlangen, die Erkenntnis solle eine Wirklichkeit sein und diese Wirklichkeit gänzlich dem Menschen gehören. Eines Tages, wenn die Untersuchungen zur Literatur ihre Phase des Katalogisierens überwunden haben und die Gedichte wie lebendige Körper untersucht werden, oder wie Dimensionen, in die man gelangt ist, wird man bemerken, wie nah das Erreichen des Traums bei Sor Juana dem des Tods in Gorostizas heutigem Gedicht ist.[39] Der Traum und der Tod werden durch diese dichterische Erkenntnis zur selben Erfahrung der magischen Erkenntnis. Vossler weist in einem Satz voll reichhaltiger Anklänge auf Sor Juanas intuitiven »stimmungsvollen Dilettantismus« hin.[40] Der Dichter insgesamt ist erfüllt von dieser Ahnung, die ein Erstaunen enthüllt und die ihn überkommt mit noch nicht vollendeten Verfahren, um sie zu einer lebendigen Form zu führen. Nicht der Dilettantismus der alten Kulturen, der eine Form häuslicher Verzierung ist, sondern eine heilsame Leidenschaft von Begeisterten, eine durch den Schrecken milde Neugier, die nachher mit kindlicher Gebärde das Unverhältnis mißt und sich traurig verbirgt. Aber gewiß ist, daß trotz seinen Mängeln in der Ausführung und in seiner elementaren und weitschweifigen Grundlage, es weder vor noch nach diesem Gedicht zu seinem Thema, dem Traum, in unserer Sprache ein Vorhaben gibt, das ihm gleichkäme, noch auch eine erreichte Form, die es überträfe.

Zwischen Sor Juanas Traum und Gorostizas Tod verstreicht eine leere Zeit von mehr als zweihundert Jahren. Das enthüllt uns, wie schwierig es ist, die dichterischen Mikrokosmen zu erreichen, die Momente, wo die Schwerefelder der dichterischen Intuition und der animistischen Erkenntnis zusammenspielen. Wenn auch beide Gedichte auf der Seite des von Vossler vermerkten intuitiven Dilettantismus angesiedelt sind, haben doch beide eine Dimension, die nur von älteren und reiferen Kulturen übertroffen werden kann, solche, die in der Dichtung zu einem Rahmen oder einer Perspektive von noch verwickelterer und entschlossenerer Konzentrizität fähig sind.

Eine weitere ihrer Verwegenheiten war das Fronleichnamsspiel *El divino Narciso.* Das nachvollziehbare Vorhaben des Traums nimmt in diesem Stück eine subtilere Form an, denn in dem einführenden Vorspiel versucht sie, eine Beziehung zwischen den katholischen und den präcortesianischen Mythen herzustellen, und im Verlauf der Vorstellung endet Narziß, unterstützt durch die Gnade, in der Gesellschaft seines Vaters, sitzend zur Rechten seines himmlischen Throns. Gewiß hat sich in einigen Fronleichnamsspielen die Mythologie der Theologie unterworfen, und insbesondere gibt es ein Fronleichnamsspiel von Calderón mit Narziß als Hauptfigur, aber in Sor Juanas Narziß scheint der Zusammenprall alter Kulturen noch die Unterwerfung der alten Gottheiten zu verstärken. Die ständig wiederholten machtvollen Stöße der Musik:

> Und in feierlichem Prunk
> lobt und ehrt den Gott der Samen![41]

geben dem gesamten Stück einen volkhaften Hintergrund. Als verwandle der schwere Fall des Traums die Gottheiten des Bluts und des Zorns in die neuen Götter des Öls und der Versöhnung.

Zu dieser abschließenden Haltung Sor Juanas möchte ich einige Gemälde aus der Schule von Cuzco stellen, wie etwa jenes köstliche Bild *Los primeros pasos del Niño.* In seinem geheimsten Innern gibt es eine Art nicht andeutbarer Beziehung zum mexikanischen Narzißmus. Auf beiden Seiten des Bilds betrachten die Jungfrau und der heilige Joseph die ersten Geschicklichkeiten des Göttlichen Kinds, die eine, als wolle sie es leicht ermuntern, der andere achtungsvoll und aufmerksam. Ein kindlicher Engel, etwas größer als ein winziges Becken in der Mitte. Der Engel achtet auf das Kind, wenn auch mit fröhlicher Zuversicht, und dieses schreitet mit der Sicherheit, die es aus der Höhe zu empfangen scheint, als folge es dem Rauschen, das die Sternenchöre aussenden. In einem anderen Bild aus derselben Schule von Cuzco *La procesión del Corpus presidida por el inca Sairi Titupaco* beobachten wir, als der Baldachin vorüberzieht, wie sich die Anbetung unter der Führung eines feierlichen Inkapriesters auf alle Gesichter legt. Im Hintergrund des Bilds trägt, als das Mysterium vorüberzieht, ein Heiliger Christopherus den wirklichen kleinen Körper; auf diese Weise vereinen sich in einem einzigen Sinnbild die beiden Gegenwarten: die eucharistische und die leibhafte. Den Köstlichkeiten der Schule von Cuzco möchte ich eine weitere, eine hagiographische Köstlichkeit bei der heiligen Rosa, der Schutzpatronin von Lima hinzufügen. Bei ihrem Kampf mit dem Dämon spielt die Heilige Teresa von Avila auch darauf an: »Große Flamme, gänzlich klar, ohne Beimischung von Schatten.« Dort erglänzt der Ernst, die majestätische Unschuld, die unanfechtbare Vollkommenheit. Aber es scheint, daß man dem in Cuzco noch eine Art Anmut hinzufügt, wie die Anmut eines Mädchens, das ein Steinchen nach dem dämonischen Kaiman wirft. *Räudig und katzig* nennt die heilige Rosa von Lima den Teufel, als wolle sie ihn nicht genau beschreiben, sondern reizen, ihn zwikken, wenn er schläft, seine falsche Lebendigkeit ärgern mit diesem »katzig«, das in seiner komischen Anmut ohnegleichen ist.

Wenn die Kulturgeschichtsschreiber behaupten, in Spanien habe es keine Bekundungen der Renaissance gegeben, reichte es, um sie zu widerlegen, die spanische Renaissance in Amerika zu betrachten. Eine Kultur wie die spanische konnte sich nicht durch höfische Spiele und auch nicht durch den wandernden Einfluß der Humanisten bekunden; es mußten vielmehr sehr erhebliche historische Ereignisse sein, wie etwa die Entdeckung Amerikas oder die Reformation und die Gegenreformation, die ihren Willen zu künstlerischem Schaffen bekräftigten und zum Ausdruck brachten. Wenn wir einige der Arbeiten des *maraviglioso* Bernini betrachten, stellen wir fest, daß ein großer Teil seines Werks aus den Gesetzen hervorgeht, die das Wachstum der Stadt, des Wohnsitzes oder der Kirche auferlegt; bei ihm ergibt sich ein Altarhimmel, eine *piazzetta,* berühmte Beispiele, als Folge der Fülle oder der Leere, des Wachsens oder der Verminderung der Verflechtungen zwischen Stadt, Raum und Mensch. Das Bestreben, die räumliche »Fülle« solle die Leere vernichten, führt ihn dazu, kompositionelle Risiken zu vermeiden, Einbrüche von freiem Raum. Die amerikanische Weise der Fülle als Kompositionsmerkmal hat ihre Wurzel in diesem Barock Berninis. Wenn es dann, bei Borromini und noch im Barock selbst, ein Bestreben um den Raum gibt, zwar durch Krümmungen der Wände und Luken, die das Licht eindringen lassen, ist das immer eine rationalistische Verarbeitung der Stadt. Aber im charakteristischen amerikanischen Barock, in den Arbeiten des Indios Kondori in Peru, sind es die Natur, das ursprüngliche Feuer, die geheimnisvollen Embleme, das Ornament als Beschwörung oder Schrecken, was die Kirche gestaltet. Nach der Renaissance geht die Geschichte Spaniens nach Amerika hinüber, und das amerikanische Barock erhebt sich überlegen über die architektonischen Arbeiten von José de Churriguera oder Narciso Tomé. Hier gibt der erste Bestandteil des Kunstwerks, die Materie, die *natura signata* der Scholastiker, den ersten Reichtum, der die erste große Mannigfaltigkeit kennzeichnet. Die Blumenpracht aus Mexiko, das Holz aus Bolivien, der Stein aus Cuzco, die Zedernwälder, die edlen Metalle erhoben den Reichtum der Natur über den monetären Reichtum. Auf solche Weise konnte unser Barock, auch innerhalb der spanischen Armut, im Reichtum des amerikanischen Materials, seiner eigenen Natur, die ein Bestandteil der großen Konstruktion war, einen Stil beanspruchen, einen prächtigen Stil, der paradoxerweise aus einer heldenhaften Armut hervorging.

Am Zócalo in Mexiko-Stadt oder in Havanna ist die Beziehung von Kathedrale und Platz eine organische und steht im Verhältnis zur Gestaltung des Gevierts. Beide, der Dom und der Platz, sind in eins, im Verhältnis zueinander und für eine Aufgabe, entstanden und wurden nicht, wie die wichtigen Europas, später als der Dom gestaltet, mit der Absicht, das Übermaß des Doms zu bändigen, das den Menschen erschreckte. Nach hundert Jahren Bauzeit bereits werden die Triumphzüge veranstaltet und die Ehrenpforten errichtet und wird Sor Juana mit den kühlsten Gelegenheitsgedichten zur Einweihung der Kathedrale von Mexiko beauftragt. Nachdem wir uns der Entstehung in Beziehung zum Geviert des Platzes versichert haben, lädt uns als erstes die blendende Erscheinung ihres Sanktuariums zum Staunen ein. Das Transparente der Kathedrale von Toledo, ein Werk Narciso Tomés, übertrifft es nicht, weder im wuchernden Reichtum noch in der erhabenen Pracht der Relief-Figuren. Auf eher kleinen Reliefs, die an die großen Portale mittelalterlicher Kathedralen erinnern, mit den öffentlichen Bekanntmachungen, den Furien, den Hochzeitsmotiven, den symbolischen Abschiedsabendmahlen, bedeckt das Bildhauerwerk, ohne Unterbrechung durch große Apsiden und nicht sonderlich geschickt im Umgang mit dem Licht, das gesamte Gestein und überführt es in Zeichen, in hagiographisches Symbol, in sichtbare Machtbekundungen des Heiligen Geistes.

Bei der Kathedrale von Puebla verschwindet die Beziehung von Dom und Platz und gibt einem stattlichen Schwarm von Engeln Raum, die den himmlischen Platz verteidigen. Bei der gräulichen Farbe des Steins und dem trokkenen Geviert, das sie bildet, stellen wir fest, daß wir uns noch im Resonanzraum des Herrera-Stils befinden. Wie beim Bau des Kölner Doms sind die Legenden und die Träume, die denkwürdigen Visionen in die Mauersteine eingesickert. Die offenkundige Kühle des Stils erscheint wie das Aufwachen eines Menschen, der ein Traumbild gehabt hat, und nachher versucht, dieses sorgfältig und genau zu bestimmen und seine Zeichen einander anzumessen. Daß der gute Mann, der diesen Traum gehabt hatte, ihn auch verdiente, enthüllt die Tatsache, daß er die Hälfte der Silbermine, die er gefunden hatte, für die Ausführung der Bilder in massivem Silber stiftete. Wir fahren zusammen, wenn wir – nachdem wir die glänzende Bildersammlung angesehen haben, die Gestalten der vier Evangelisten in Lebensgröße und ganz aus Silber –, inmitten eines Reichtums, der sich verschwenderisch zeigt, um zu lobpreisen, einige Steine von wunderbarer Einfachheit betrachten, mit einer einzigen Inschrift, worauf der großzügige Spender nicht einmal seinen Namen erwähnt wissen wollte: »Hier ruhen die sterblichen Reste eines Sünders.« Aber sein namenloser Traum wird begleitet vom Rauschen der Engel, das die Kathedrale einhüllt. Umgeben ist sie von unzähligen Lanzen, deren jede in einem Engel aus Silber endet. So wird die ausdrückliche Schwere des Doms durch die Stimmen der Engel erleichtert, welche die steinige Masse umgeben und sie schweben lassen, als sollte sie sich vom Boden lösen in der Nacht.

Unter dem Einfluß Borrominis bietet unsere Kathedrale eine spröde und starke Lösung in einem ihrer Seitenschiffe. Die Nüchternheit des Portals zeigt den jesuitischen Stil, eine Nachahmung des Ordenshauses der Jesuiten in Rom, ein Geflecht mit sich krümmenden Steinen, mit scharfen Kanten, damit das Licht eindringt. Nach Art Borrominis weist sie ein Detail von beeindruckender Qualität auf, durch die einfache Beziehung, die sie zu den umliegenden Gäßchen herstellt. Ihr Bau ist Antwort auf die Suche Loyolas nach dem Zentrum der Ausstrahlung. Es ist wie eine gewiß etwas verspätete Suche nach der zentralen Macht, nach dem festen Punkt, der die Stadt abstützt, nach den Anfängen der Stadtmauern. Sie bekundet einen geraden Willen, an den Grundlagen, den Anfängen einer Spirale stehen zu wollen, die sich mit dem beständigsten Unterbau der Wachstumsweisen der Stadt entwickelt. Ihre Seitenschiffe und ihr Inneres weisen einen Einfluß Della Portas und der ersten Bauwerke des Jesuitenbarocks auf. Die Anwesenheit der zwei luftigen Türme scheint sie von der Dürre der Portale an Jesuitenkirchen befreien zu wollen. Dem Paradox dieser Türme verbindet sich die byzantinisch feine Silhouette der Kuppel, die sich nicht, wie bei vielen Kirchen der Gesellschaft Jesu, in Richtung auf das Portal zu neigen scheint, um den Eindruck eines inneren Turms zu bewirken. Aber für unseren Geschmack weist unsere Kathedrale ein Qualitätsdetail auf und gleichzeitig bezaubernde Schönheit, als versöhne sie die Idee von zuverlässiger Gediegenheit, wie eine Erinnerung an das Umkippen der Meereswogen, an die unerschütterliche Folge des Wellengangs.

Das ist, könnten wir sagen, die Herausforderung, die Anmaßung unserer Kathedrale. Dieser große Steinsplitter, der sich in die Länge zieht, wächst über sich hinaus; nein, das ist der Loyolianische Wille, den Geist herabsteigen zu lassen, ihn hell und klar werden zu lassen, ihn sich genau in den Kreis unseres wachsamen Sehnens einfügen zu lassen. In Frontstellung oder freundschaftlich, wer könnte das sagen, gegenüber der natürlichen Sendung des Meers, versucht der Kathedralenstein die ersten Beschwörungen der Genesis zu wiederholen, nur daß hier der Geist den Stein in einer dünkelhaften Spirale kräuselt, die sich in der Kurve langsam beruhigt, wo sie sich verläuft wie ein abschließender stiller Ozean. Welcher Kubaner hätte nicht während eines Kreuzwegs, einer weihnachtlichen Feierlichkeit oder eines heimlichen Bittgebets zum heiligen Christopherus[42] nach dieser majestätischen, wahrhaft kardinalischen Gebärde des Steins angehalten, in einem Fugato, auf dem kleinen, lächelnden, freundlichen Vorbau, der sich halb öffnet zwischen dem ausgedehnten Stolz des Steins! Das hat, wie bei einem nächtlichen Gang, die Anmut, den Augen der Katze zu begegnen, die im Labyrinth der Korridore einen traubenförmigen Sirenenanker zu werfen scheinen.

Die Großtat des amerikanischen Barocks, der wahrhaftig bis in unsere Tage nicht einmal irgendetwas auch nur gleichgekommen wäre, ist die des Quechua Kondori, den man den Indio Kondori nennt. Ihm gelingt es, in die eigenwillige Steinmasse der Bauwerke der Gesellschaft Jesu, in den überreichen Wortschwall der barocken Summen, in die große Tradition, die das Barock vollendete, die inkaischen Symbole der Sonne und des Monds einzufügen, abstrakte Bearbeitungen, inkaische Sirenen, große Engel, deren Indiogesichter die Trostlosigkeit der Ausbeutung in den Minen widerspiegeln. Seine Steinportale wetteifern in Vielfalt und Qualität mit den besten des europäischen Barocks. Er hatte mit Zartgefühl und gebannter Beständigkeit die Pflanzen, die Tiere und die Metallgeräte seines Volks studiert, und er war überzeugt, daß sie am Gepränge barocker Symbolik im Gotteshaus teilhaben könnten. Seine Stützsäulen zeigen eine machtvolle Abstraktion inkaischer Sonnen, deren strotzende Kraft sich über eine Sirene mit jammervollem Fronarbeitergesicht ergießt, die gleichzeitig auf einer Gitarre ihres Volks spielt. Im Bereich der Form war der Indio Kondori der erste, der sich von den Europäern anerkannte Ebenbürtigkeit im Umgang mit einem Stil erwarb. Noch heute bereitet es uns Vergnügen, die Reaktion der jesuitischen Väter zu erraten, die eher den reinen Ausdruck des Steins als die Spielereien mit Ornamenten und Voluten suchten, als sie mit dieser geradezu königlichen Haltung konfrontiert wurden, die das amerikanische Blatt dem griechischen Trifolium, den inkaischen Halbmond dem Akanthus der korinthischen Kapitelle, den Klang der Charangos den dorischen Instrumenten und der Viola da gamba der Renaissance gleichsetzte. Dank der heroischen Angemessenheit seiner Symbole stellen wir heute fest, daß wir uns den Äußerungsformen eines jeden Stils nähern können, ohne Komplexe und ohne Ausrutscher, solange wir ihm die Zeichen unseres Schicksals und die Schrift einfügen, mit der unsere Seele die Dinge überschwemmt hat.

So wie der Indio Kondori die inkaische Rebellion darstellt, eine Rebellion, die wie mit einem Gleichheitspakt endet, in dem alle Elemente seines Volks und seiner Kultur zugelassen sein müssen, ist bei Aleijadinho bereits der Triumph unbestreitbar, denn er kann sich den Stilformen seiner Zeit entgegensetzen, ihnen seine eigenen aufzwingen und bis zum letzten Augenblick mit der Ananke kämpfen, mit einem unheimlichen Schicksal, das ihn erbittert reizt und ihm dadurch Größe gibt, das ihn derart verunstaltet, daß es ihm nur noch mit seinem Werk zu sein gestattet, das dann die Stadt Ouro Preto und die Nachbarstädte überflutet, denn in ihm findet man die besten und hauptsächlichen Merkmale des Gründers, dessen, der eine Stadt baut, ihr Dauer gibt und den Verlauf ihrer Mauern absteckt, der ihr die Anmut und die Fülle der Türme und Fialen, der Wege und Orientierungslichter gibt.

Das Barock als Stil hat im Amerika des 18. Jahrhunderts bereits den Familienpakt des Indios Kondori und den wunderbaren Triumph von Aleijadinho erreicht, wodurch bereits die Rebellion des folgenden Jahrhunderts vorbereitet wird; das ist der Beweis, daß man schon reif für einen Bruch ist. Das ist der entscheidendste Beweis: wenn eine Bemühung um die Form den Stil einer großen Tradition aufnimmt und, weit entfernt davon, ihn zu mindern, ihn bereichert zurückerstattet, ist das ein Zeichen dafür, daß dieses Land seine Form in der Kunst der Stadt erlangt hat. Es ist die Heldentat, die im Jahrhundert nach Aleijadinho José Martí vollbringt. Die Erwerbung einer Sprache, die nach dem Tod Graciáns unterirdisch geworden zu sein schien, zeigte, indem sie sich gegenüber jedem historischen Pessimismus durchsetzte, daß die Nation eine Form erlangt hatte. Und die Erwerbung einer Form oder eines Reichs liegt innerhalb des Absoluten der Freiheit. Erzählt werden nur die Begebenheiten um die Könige, heißt es in der Bibel, und das heißt, solche, die eine Form erlangt haben, die Einheit und das Reich. Die erlangte Form ist das Zeichen der Dauerhaftigkeit der Stadt. Ihre stützende Grundlage, die schöne Ordnung ihrer Bauweise und der Glanz ihres Ruhms.

Die Halluzination Aleijadinhos schien die Stadt füllen zu wollen. Ouro Preto ist eingeschnürt von seinem Verschwinden und Erscheinen auf seinem Maulesel nächtlicher Blitze. Er stürzt sich, seine Obsession war es, nicht gesehen zu werden, auf den gehauenen Stein, den er schließlich gliedert und bezwingt. Kirche um Kirche, riesige Taufbecken, labyrinthische Kanzeln, um den Heiligen Geist einzufangen, die ganze Wucht Aleijadinhos, wenn er sich von seinem Maultier stürzte, das Gesicht ganz unter einem Hut verborgen, dessen Krempe ihm flügelartig über die Schultern fiel, und mit seinem Hohlmeißel den Widerstand des Steins behackte. Ein brasilianisches Sprichwort sagt uns: »Brasiliens Fortschritt geschieht nachts, während die Brasilianer schlafen.«

Die Kunst des Indios Kondori stellt in einer verborgenen und hieratischen Form die Synthese des Spanischen und des Indianischen dar, der hispanischen Theokratie der großen Zeit mit der feierlich steinernen Ordnung des Inkaischen. Seine Kunst ist wie ein Retabel, auf dem am späten Nachmittag der Fronarbeiter lediglich wünscht, daß man ihn den inkaischen Halbmond in die planetarische Ordnung des Spanischen einsetzen läßt und daß unter den Instrumenten, die den Lobgesang anstimmen, der Charango, die kleine, auf der Brust aufgestützte Gitarre, mit dem eindringlichen Klang in die Flut der Töne eintaucht. Er schien sich damit zu begnügen, dem Hispanischen Achtung und Gesellschaft abzufordern, wie in der Geschichte des Inka Garcilaso die Mumien der ersten Inkadynastien, denen, als sie während der Eroberung und des Zusammenbruchs der Festungen in Cuzco exhumiert wurden, die spanische Soldateska ehrerbietig Anerkennung zollte.[43] Die Kunst Aleijadinhos stellt den Gipfel des amerikanischen Barocks dar, die Einheit des Hispanischen mit den afrikanischen Kulturen in einer großartigen Form. Die rauschhafte Begeisterung bei den Fruchtbarkeitsfeiern von Sao Gonçalo, bei den Festen der Schwarzen, die die Gaben des Frühlings verherrlichten, floß in den wunderbaren Taufbecken Aleijadinhos zusammen, verziert wie Orgelpfeifen, wie Akkordeons, mit spiraligen Blättern, die in dralle, aufsteigende Engel münden.

Wir sehen so, daß der amerikanische barocke Herr, den wir den wahrhaft ersten genannt haben, der sich im Unsrigen angesiedelt hat, an den beiden großen Synthesen, die am Ursprung des amerikanischen Barocks stehen, teilhat und sie wachsam hütet: das ist die hispano-inkaische und die hispano-negroide. Aber schauen wir uns zum Abschluß an, wie sich diese beeindruckende Synthese Aleijadinhos vollzieht; an ihm sehen wir, wie das Lusitanische ein Teil des Hispanischen ist. Seine Mutter war eine schwarze Sklavin. Sein Vater ein portugiesischer Architekt. Er ist schon ein reifer Mann, als das Schicksal ihn mit einer Lepra zur Größe führt; die Krankheit führt ihn zum Bruch mit einem galanten und stürmischen Leben, und er stürzt sich voll und ganz auf seine Steinarbeiten. Mit seiner großen Lepra, die auch am üppig wuchernden Ursprung seiner Kunst steht, kräuselt, vervielfältigt und vergrößert er das Hispanische und quirlt es mit dem Negroiden auf. Er bewegt sich auf einer Ebene mit den Bauwerken der Stadt. Er selbst, könnten wir sagen, ist das fruchtbar-schöpferische Geheimnis der Stadt. Wie in dem erwähnten Sprichwort lebt er bei Nacht, möchte nicht gesehen werden, umgeben vom Schlaf und Traum der übrigen, deren Geheimnis er deutet. In der Nacht, in der Dämmerung des dichten, düster-schattigen Laubwerks, kommt er auf seinem Maultier und belebt mit neuen Funken den spanischen Stein durch das amerikanische Silber, kommt wie der Geist des Bösen, der vom Engel geführt im Stand der Gnade wirkt. Es sind die Funken der Rebellion, die, als jene aus der großen schöpferischen Lepra unseres Barocks aufgetaucht sind, bereits in ihrer vollen Reinheit genährt wird von der Speise unseres wahrhaften amerikanischen Walds.

Die Romantik und die amerikanische Tatsache

Auf einem mit vornehmer Sanftheit gemalten Bild von Orozco sieht man einen Franziskanerpater, wie er einen Indio an den Armen emporhebt, der ihm das Füllhorn des geschuldeten Zehnten übergeben will. Frei von den Forderungen der Zentralmacht, konnten sie in Amerika einen aufrechten evangelischen Geist in Reinheit bekunden. In Santo Domingo die Dominikaner, die die Tradition des Paters Victoria aufrechterhielten; in Kuba und später vor Karl V. der Pater Las Casas; in Mexiko die Franziskaner. Und erstaunlicher noch die Jesuiten-Kolonien in Paraguay, wo die Gesellschaft Jesu, seit den Habsburgern mit Freiheiten ausgestattet, um in Österreich eine Unterstützung gegen die Umwälzungen des Nationalismus der Reformation zu haben, Experimente durchführt mit dem Ziel, das irdische Jerusalem mit Bezug auf das himmlische zu errichten. In dem Maß, wie die Kolonisierung ausgeprägter und die Zentralmacht fordernder wird, entsteht der Konflikt und verschärft sich so weit, daß der katholische Klerus in Argentinien und Mexiko separatistische Tendenzen entwickelt und versucht, die spirituellen Grundzüge der Nation mit denen des Evangeliums zu vereinen.

Dieser Vorgang hat eine sichtbare historische Wurzel. Im Mittelalter, seit der Zeit Ferdinands III., des Heiligen, und Alfons X., des Weisen, kämpfte der Klerus hartnäckig um die Erhaltung seiner Sonderrechte und die Achtung seiner Rechtsprechung. Jedem Ort ein Gotteshaus, war die Devise der ersten spanischen Gemeinden. Eine neue, grundlegende und tiefgreifende Karte, die ihre Wurzeln im Volk und im Evangelium hatte. Als die Gesellschaft Jesu ihre Politik der Annäherung an die Österreicher aufnahm, in der Zeit Karls V. und des österreichischen Ferdinands des Katholischen, wurden diese Sonderrechte ausgesetzt, denn die Jesuiten waren bereits eine Macht, eine Politik, die eine gewisse historische Rechtfertigung hatte, da sie als Streitmacht gegen die Reformation marschieren mußten und sogar gegen die eigene Aufhebung, wozu sie gezwungen waren wegen der unschlüssigen Haltung des Papsttums zu dem Orden und auch wegen der römischen Autorität, die, nachdem Loyola, Diego Laynez und Francisco de Borja Ordensgenerale gewesen waren, argwöhnisch forderte, die oberste Leitung des Ordens habe in den Händen von Ausländern zu liegen. Mit der Gründung der Inquisition blieben die Sonderrechte der Orden in der Rechtsprechung voll gewahrt, und daraufhin waren es die Gemeinden in Katalonien und Zaragoza, die sich gezwungen sahen, ihre Vorrechte und ihre Sicherheit in blutiger Form gegen die Zentralmacht zu verteidigen. So flüchtet Antonio Pérez sich bei seinen Konflikten mit der Zentralmacht unter den Schutz des Aragoneser Sonderrechts nach Zaragoza, um den Nachstellungen Philipps II. zu entgehen, aber um ihn näher nach Madrid zu holen, ist das Recht der Inquisition erforderlich, die ihre Scheiterhaufen benutzt, um ihm ein Mordgeständnis zu entreißen, jedoch ohne Erfolg. Die Schmach von Aachen[44] grämte Papst Pius VII., aber er befahl keinen heiligen Krieg. Bei der französischen Invasion läutete der spanische Klerus Sturm, wobei die Grausamkeit des Domherrn Calvo so ausschweifend war, daß der Freiheitsrat ihn seines Amts enthob. Auf diese Weise widersetzte sich der spanische Klerus der Abschaffung der Inquisition, der ersten Regierungsmaßnahme Joseph Bonapartes in Spanien, und dem Liberalismus. Napoleon begriff unmittelbar, was seine Niederlage in Spanien bedeutete: »sie schwächte meine Kampfmoral in Europa«, kommentierte er in den letzten Tagen auf St. Helena. Als er aus seiner Verbannung zurückkehrte, gab der Papst Lucien einen Klaps und sagte ihm zum Abschied: »Sie gehen doch jetzt nach Paris; schließen Sie Frieden zwischen ihm und mir. Ich bin in Rom; er wird sich nicht über mich zu beklagen haben.« Der amerikanische Klerus bezog eine andere Position im Verhältnis zur Zentralmacht. Fast alle Bischofsstühle wurden nur besetzt, nachdem die Vizekönige, die Monarchie im Mutterland und die hohen Kirchenautoritäten gehört worden waren. Der heilige Antonio María Claret y Clará selbst erklärt während seiner Zeit als Bischof in Santiago de Cuba seine Treue zu Isabela II., ohne daß ihn die Probleme des Separatismus anrührten. Aber der Gemeindeklerus baut seine Beziehungen zu den Bauern und kleinen Landbesitzern aus, nicht jedoch den Kontakt zur Zentralmacht, und er weiß sich auch feindselig gegenüber der Kirchenhierarchie, da diese, verwurzelt in bedeutenderen Städten, Beziehungen mit den spanischen untergeordneten Autoritäten unterhält. Zu Beginn des 19. Jahrhunderts treten die Priester-Unabhängigkeitskämpfer auf, in Mexiko und in den Juntas in Buenos Aires, die verfassungsgebenden Priester in Cádiz, wie etwa der Pater Varela. In ihnen ist etwas vom Abbé Sieyès, vom Abt Marchena und von Blanco White. Sie nehmen an der französischen Revolution teil, konvertieren, nachdem sie abgeschworen hatten, erneut zum Katholizismus, nachdem sie Lukrez und Voltaire übersetzt hatten, oder sie nehmen Zuflucht zum englischen Liberalismus. Die Folge: Gewinn für den Katholizismus, sein Maß wird erweitert, mit seiner großen Revolution, seiner unerschöpflichen Absurdität im Poetischen und seinem beständigen Beweis der Ausübung seiner Freiheit. Alles was je im Gegensatz zu dieser Haltung des Katholizismus gestanden hat, ist nur historisch Beliebiges, aber nicht Qualifizierung seiner Dogmatik.

Gegen Ende des 18. Jahrhunderts heftet jener barocke Herr, den wir eingehüllt in Düfte und Festtagskleider bei den Osterfeierlichkeiten von seiner Scheune zum prachtvollen Zócalo gehen sahen, wo er einen Blick auf die Filigranarbeit des Sanktuariums wirft und gleichzeitig den Feuerwerksstier und den schäumenden Tequila vorbereitet, inmitten seiner Ausgelassenheit einen scheelen Blick auf die Indios. Was ist geschehen? Seine Exzellenz, der Erzbischof, hat sich mit verhohlenem Kummer vor die Predigten gestellt, die den Ruf eines jungen, fiebrigen Priesters ausmachen, der zu Begeisterungsausbrüchen und etwas weitschweifigen Mahnreden neigt. Der oberste Würdenträger hat den Aufruhr des Volks betrachtet, als ein häretischen Thesen verfallener Prediger auftrat, der mit neuem Beweismaterial, mit Einwänden und Vorbehalten die Beweise für Erscheinungen zermalmte. Um den einflußreichen jungen Mann zu hören, ist sogar der Vizekönig gekommen, denn die Festlichkeit ist ersten Rangs und überaus prachtvoll: es geht um eine Predigt bei den Feierlichkeiten zu Ehren der Jungfrau von Guadalupe. Und der Geistliche, der solch verbales Überschäumen bewirkt, Fray Servando Teresa de Mier, hat sich, so der Erzbischof, in gefährlich-frevelhafte Verwegenheiten gestürzt. Der Prediger behauptete, das Bild der Jungfrau von Guadalupe sei auf den Umhang des Apostels Thomas gemalt und nicht auf den des Indios Juan Diego.[45] Das Volk zeigte sich reichlich angetan von dieser Botschaft und nahm sie mit unverhehlbarem Jubel auf, der Erzbischof wechselte die Position und biß sich auf die Lippen, und der Vizekönig ließ vorsichtig seinen Blick zwischen der enthemmten Freude des Volks und der gehemmten und wie zurückgehaltenen Wut des Erzbischofs hin und her fahren. Fray Servando wird inhaftiert, er widerruft, aber der Zorn des Bischofs schickt ihn nach Cádiz und behält ihn dort unter Beobachtung; Fray Servando beginnt, wie ein Vorläufer von Fabricio del Dombo, die Reihe seiner Fluchten und sprunghaften Grenzwechsel.

Warum diese Verbissenheit in seiner Exzellenz, dem Erzbischof? Was rührte sich da auf dem Grund dieser theologischen Streitigkeiten? Als Fray Servando das Bild der Jungfrau von Guadalupe auf den Umhang des Apostels Thomas malt, der nach der Legende in Amerika das Evangelium gepredigt hatte, entwertet er den spanischen Einfluß auf den Indio durch den Geist der Evangelien. Es gab so einen schweigenden antispanischen Protest in seiner Kolonisierung, und der Erzbischof, der das Anrüchige und die Bedeutung dieser ketzerischen Auslegung witterte, trat ihm entgegen, setzte ihn hinter Gitter und überwachte ihn. Fray Servando kannte die Gefahr, die in seinen Predigten und Absichten lag; unter scheinbar theologischem Äußeren fühlte er als Amerikaner, und beim Übergang vom barocken Herrn zum verbannten Romantiker sah er sich gezwungen, sich auf dem ersten Schauplatz des rebellischen Amerikaners zu bewegen: Spanien, Frankreich, England und Italien. Schließlich findet der Streit zwischen dem wütenden Erzbischof und dem rebellischen Priester seine *forme racinée*, er schlägt Wurzeln im Separatismus. Die religiöse Verfolgung geht über in politische Verfolgung, und als er während seines Aufenthalts in London die Nachricht vom Aufstand des Priesters Hidalgo erhält, schreibt er Flugblätter, auf denen er die separatistischen Ideen rechtfertigt. Er wandert immer wieder ins Gefängnis, er freundet sich mit dem Liberalismus von Jovellanos an, er kämpft gegen die französische Invasion und er findet schließlich, nachdem er sich mit Mina und seinen Verschwörern eingeschifft hat, mit der Unabhängigkeitserklärung seines Lands die Fülle seines Rebellentums, die Form, die seine Reife benötigte, damit sein Leben den Sinn seines historischen Entwurfs erhielt.

In Fray Servando, in diesem Übergang vom Barock zur Romantik, setzen uns verborgene, sehr amerikanische Überraschungen in Erstaunen. Er glaubt mit der Tradition zu brechen, während er sie vergrößert. So findet er, als er glaubt, sich vom Spanischen zu trennen, es in sich, vergrößert, wieder. Innerhalb der vorigen Ordnung reformieren, nicht brechen, sondern den Faden wieder aufnehmen: das, was spanisch ist, vergrößert Fray Servando und läßt es wachsen, steigert es bis zur Verwegenheit. Der Katholizismus liegt verkommen darnieder; fliehend verweigert er sich dem offenen Gelände, denn unser verkrachter Mexikaner bringt ihn in Gefängnisse, führt ihn zur Beteiligung an neuerungssüchtigen Verschwörungen, zu beharrlichen römischen Versöhnungen, zu prophetischen Eingebungen und maßlosen Scheiterhaufen. Das Gefängnis führt ihn nicht zum Bruch mit der weltlichen Macht, sondern im Gegenteil dazu, sie noch zu vergrößern, damit das Gefängnis das große Ochsenauge sei, das die Geschicke aufbaut. Das erste amerikanische Signal: er hat, wie in der Lektion der Griechen, den Feind in einen Helfer verwandelt. Wenn der wütende Erzbischof ihn verfolgt, gelingt es ihm, mit der Reihe seiner Gefängnisaufenthalte sich aufzuklaren in der Gesamtheit der mexikanischen Unabhängigkeit. Sein Zukunftsentwurf ist so gleichmütig-gelassen und vollkommen, daß er, wenn wir sein Leben retrospektiv betrachten, in umgekehrter Richtung vom Heute auf das romantische Gefängnisloch, wie ein Leser des Schicksals erscheint, ein Haruspex des Besten eines jeden Augenblicks. Als Schöpfer inmitten der schwächer werdenden Tradition verpflichtet er sich zur Synthese aus Bruch und Säkularisierung, dazu, sich von der Tradition abzuwenden, die sich bewahrt, und die Tradition wiederzufinden, die sich ausweitet, das Schicksal aufs Spiel setzt und in es eingreift.

In Bayonne läßt ihn die amerikanische Neugier in eine Synagoge eintreten. Sofort gehen über diese Neugier die Gaben nieder. Als guter Amerikaner schwelgt er im *sympathos.* Überrascht bemerkt er, daß sie ein peinlich genaues Spanisch sprechen; sie sind stolz darauf, daß die Semiten, die Hadrian nach Spanien sandte, aus dem großen Stamm Juda sind. Als der Rabbiner seine Predigt beendet hat, umringen sie den Amerikaner und bitten ihn um seine Meinung. Die lange Welle seiner Sympathie weicht nicht davor zurück, den Prediger zu widerlegen, und da er seine Sache sehr gut macht, bieten sie ihm »eine schöne und reiche Rachel, auf Französisch Fineta« zur Hochzeit an. Schließlich überarbeitet er die Predigten der Rabbiner, und diese nennen ihn Jajá, das bedeutet Weiser.[46] Das ist ein weiteres amerikanisches Zeichen: ein fremdes Gotteshaus aus Neugier betreten, es durch Sympathie gewinnen und die Menschen dann auf den Geschmack unserer allwissenden Freiheit bringen.

In diesem Liberalismus mit Armillarsphäre und Briefbeschwerer, den Goya gemalt hat, fühlt Jovellanos, der als Dichter der Hirte Jovino ist, sich von seiner Sympathie berührt. Die Nachricht über den Triumph von Jovellanos kommt um sieben Uhr morgens in dem Kloster an, wo Fray Servando gefangen ist, und bereits um elf Uhr hat dieser, um ihn mit feinsten Mitteln zu gewinnen, einen Traum erdacht, in dem der Hirte Jovino, der besonnene Justizminister Jovellanos, seine Sache untersucht, ihn freiläßt und ihm mit wohlwollender Miene begegnet:

> Der eisgraue Arlanzón, der mich gefangenhält,
> er könnte selbst des Narziß Feuer frieren lassen.
> Schiffbruch erlitt ich; ein Unwetter,
> der finsterste Sturm aus den Tiefen des Abgrunds,
> warf mich an die Küsten Hesperiens,
> wo ich vergebens um Hilfe ersuche.[47]

Der Hirte Jovino lächelt über die Anmut der Gelegenheitsverse, entschuldigt gelegentliche prosaische Ausfälle, entziffert leicht das Verlangen des Traums und befiehlt, Fray Servando die Freiheit zu geben. Ein gutes amerikanisches Zeichen: die Feinheit, bei einem Gesuch das Geheimnis zu wahren, wie in diesem denkwürdigen Vorgang, wie ein Traum, den die fremde feinfühlige Aufmerksamkeit sich gezwungen sieht zu entziffern.

Er saugt das unbeschädigte Fragment der katholischen Tradition wieder auf, er nähert sich wie ein Fisch durch den Traum, obwohl er voller Rücksicht kommt, überrascht ihn das aschige Gehöft spanischer Literatur zu Anfang des 19. Jahrhunderts. Wenn noch die Romantiker Bergbauingenieure zu sein scheinen und die Dichterinnen verbannte Hysterikerinnen, welche die morgendlichen Einkäufe für das Mittagessen des Herrn Ministers, des Junggesellen, erledigen! Die nach Nestwärme suchende Prahlerei unterbricht ihn, und ohne die geringste düstere Eitelkeit hat er die Freude, sich die Beine zu vertreten und umherzulaufen. Die amerikanische Eitelkeit ist auf gute Freundschaft aus und fast schmeichlerisch. Fray Servando kommt überrascht in das baufällige Dominikanerkloster, die Worte in den Gängen gefroren, ohne den Pfeffer eines treffenden Worts, von schlechtweg klammer und struppiger Tödlichkeit, und bemerkt in seinen Erinnerungen: »Und den Unglücklichen, der wie ich den Sinn für das Schöngeistige von Haus aus mitbringt und der sich folglich glänzend hervortut, prügeln sie wie in feindlichem Lager, bis sie ihn einsperren oder fortjagen.«[48] Eine streitbare Haltung, die vom Sprichwort bis zum scheelen Blick des Spiegels aus Übersee geht, denn die Folgen dieser freundschaftlichen und erträglichen Eitelkeit enden in der gutmütigen Spitze des Sprichworts. Wer mit Schuppen besetzt ist, um zu glänzen, läuft Gefahr, gehenkt zu werden, oder glänzt, bis sie ihn eingipsen, oder ergeht sich mit Glanz und Gloria in der sibyllinischen Rede. Wie sollte man sich nicht bei diesen Mischungen aus fröhlicher Rebellion, um das gute Sprichwort zu finden, an das Kreolentum José María de Heredias erinnern, damit die Sonne ihr Antlitz zum Zauber seines Ruhms erhebt; oder das »Ich werde die Welt aufrichten« von José Martí. Beides sind Formen der Forderung, um zu helfen, beide sehr kreolisch.

Während der Amtszeit von Jovellanos wird er sich als

Amerikaner, der schnell argwöhnt und durchdringt, der Starrheit der Neuen bewußt. »Ich konnte mit dem Minister sprechen, denn ich hatte auch eine Empfehlung für den Pförtner«, erzählt er uns in seinen Erinnerungen.[49] Die Einsicht dessen, der Vorsichtsmaßnahmen trifft für die hundert thebanischen Türen, und der die Kraft der kleinen Hilfsmittel kennt. Intuition dieser Starrheit der Neuen durch unvermeidliche Minderheit oder überlegene Prahlerei, die den festen Blick zurückweist, die ganz natürlich im Augenblick des günstigen Empfangs eindringt. Die Empfehlung für den Minister und für den Pförtner enthüllt einen frischen Instinkt, das kleine Gewohnheitstier im Menschen auszumachen, das dem kürzlich Angekommenen mißtraut, das aber den Beschwichtigungen des Geringsten in allernächster Nähe erliegt. Empfehlungen des Barbiers, dessen, der uns die Suppe serviert, des Nachbarn, der albernen Sicherheit des Winzigen, das sich über die ruhige Alltagseinschätzung erhebt und das der Amerikaner, gewohnt, die Waffenausrüstung des Zufalls zu empfangen, als seinen Schlüssel zum Eindringen schätzt, der ihm die Wand gläsern macht, damit der notwendige Augenblick des Schattens sich, wenn er nach Haus kommt, in aller Fülle verwirklicht und uns sanft Bescheid gibt.

Nachdem er sein Leben in Gefängnissen, in den Maskierungen der Verfolgung, im Morgengrauen der Grenzen verschlissen hat, kommt seine Zeit, als er das Amt eines beratenden Haruspex im Präsidentenpalast in Mexiko bekleidet, in der Freundschaft mit Guadalupe Victoria. Aber es kommt der Augenblick, wo er aufgibt, sich aufrichtet und langsam sagt: »Es heißt, ich sei ein Ketzer; man versichert, ich sei Freimaurer, und man verkündet, ich sei Zentralist. Das alles, geliebte Landsleute, ist eine Kette von wüsten Verleumdungen. Weder meine Schritte noch meine Worte, noch meine Taten kann man vorbringen, um üblen Nachreden solchen Ausmaßes Grund zu geben; aber es wird so viel von der aufsehenerregenden Guadalupe-Predigt geredet, die ich vor vielen Jahren gehalten habe, und man zeigt sich erstaunt darüber, daß ich, als Dominikanermönch, keine Messe lese und kein asketisches Leben führe, und womöglich will man das als eine weitere Unterstützung für die genannten Hirngespinste nehmen.« Und dann geht er von den Worten zu den Taten über, die alle verpflichten. Er erklärt, daß er keine Messe lese, indem er die zerschmetterte Hand vorweist; daß er nicht im Kloster lebe, weil er sich in Rom habe säkularisieren lassen. Daß er kein Freimaurer sei, weil die Freimaurerei eine Partei sei. Und daß er nicht gegen das Wunder der Guadalupe gepredigt habe, sondern nur im Sinn seiner Überzeugung, daß die Predigt des Evangeliums in Amerika sich dem Apostel Thomas verdanke, eine Überzeugung, die er bis zum Tod verteidigen werde.

Fray Servando war der erste, der – mit der nötigen Kraft, an das Ende zu gelangen, das alles aufklärt – der barocken Herrschaftlichkeit entkommen ist, diesem Herrn, dessen Leben im lustvollen Gespräch mit der Landschaft verstreicht. Er war der Verfolgte, der aus der Verfolgung eine Weise, sich einzufügen, machte. Er hatte sich durch eine augenscheinliche Feinheit, die in ihrem Innern das Geheimnis der amerikanischen Geschichte in ihrer Dimension von Zukünftigkeit barg, von der barocken Üppigkeit gelöst und war zur Romantik des beginnenden 19. Jahrhunderts gelangt, bis er schließlich ein Ereignis erleben kann, die Insel der Seligen, die Unabhängigkeit seines Lands. Die Landschaft des barocken Herrn, der mit wechselndem Glück segelte, hatte sich mit einer Langsamkeit verflüchtigt, die nur wenige begriffen. Fray Servando ist der erste, der sich entschließt, der Verfolgte zu sein, weil er intuitiv erkannt hat, daß eine andere entstehende Landschaft ihn erwartet, der nicht mehr auf den großen Bogen zählte, der das spanische Barock mit seiner Bereicherung im amerikanischen Barock verband, sondern der das Üppige eines neuen

Schicksals intuitiv erkennt, das Bild, die Insel, die aus den Portolanen des Unbekannten auftaucht und ein Ereignis schafft, die Freiheit seiner eigenen Landschaft, befreit bereits von der Verpflichtung zu einem Gespräch, das mit einem schattenhaften Zuschauer geführt wurde.

Nach dem vorangegangenen Beispiel Fray Servandos, rittlings auf der Grenze von barockem Sessel und romantischer Verbannung, erscheint das Musterbild des ungezügelten sulphurischen und dämonischen Individualismus. In dem Maß, wie Bolívar auf den größten Krönungszirkel zuging, wurde der Ruhm von Simón Rodríguez ein weißglühender Faden und ein Geheimnis. Der Einfluß von Simón Rodríguez ist wohl nicht durch das *ethos* ausgeübt worden, durch einen umsichtigen Kausalismus im Verhalten, sondern durch das, was in Bolívar und in ihm am dämonischsten und ursprünglichsten war. Seine Zeit führte ihn zur verstellten Rousseauschen Schafsköpfigkeit, zum amnesischen Naturalismus, zum synoptischen Bild und zu den orthographischen Veränderungen, aber sein Virus war wesentlich sokratisch, war die Überschreitung des Dämons und das Erscheinen des erkennenden Eros.

Simón Rodríguez hatte etwas von einem pädagogischen Aleijadinho. Er war häßlich, maßlos und umtriebig. In schon fortgeschrittenem Alter schenkt ihm die sanfte Liebe einer bolivianischen Indianerin Kinder, Aufmerksamkeit und die Erinnerung an die Heimat. Um zu erziehen und zu bilden, bedient er sich eines starken Zynismus und nicht des Geists der Evangelien. Er folgt der Bahn des vorromantischen Individualismus, mit dem notwendigen Einschlag von Rousseauschem Zynismus. Elterliche Zwistigkeiten, ichsüchtige Ansprüche seiner beiden Erzeuger, treiben ihn zu früher Wut. Er rächt sich in der Vergeltung des Namenswechsels. Mit der Anmut einer Rousseauschen Teufelei erzählt er uns, daß er seinen Vater nicht gekannt habe, wohl aber einen Mönch, der seine Mutter oft besucht habe. Ein falscher Pfiff, zu dem er sich verpflichtet glaubt nach dem hohen C des Zynismus in den *Bekenntnissen* Rousseaus. Ein übler Pfiff, selbstverständlich, denn man weiß, daß seine Eltern ganz normale, herzensgute Leute waren. Ein anderes Mal erläutert er vor einfältig-vorurteilsvollen Kindern vom überraschten Titicacasee einige anatomische Blätter, und um die Erläuterungen anschaulicher zu machen, greift der gute Alte auf seine eigene Nacktheit zurück und verdirbt so das Zeigen der Natur aus dem *Emile*, denn das Natürliche läßt seine Schätze mit der Zeit verfaulen, und was der teuflische Simón dort zeigte, war so kümmerlich und knochig-dürr, daß die Hunde bellten.

Die Beziehungen zwischen Bolívar und Simón Rodríguez haben etwas von einem andinen Vorhang, von dem wohlbekannten und weitläufigen Nachhall im Buch der Geschichte zwischen dem prophetischen Meister und dem genialen Schüler. Das alles *à la manière* des 19. Jahrhunderts, *avec tambour et trompette* ... Vor allem die Befriedigung der Dankbarkeit, eine sehr edle Tugend. »Ihnen verdanke ich alles, denn Sie waren mein einziger umfassender Lehrer.« Und damit nichts im Zweifel, im Dunkeln oder im Hintergrund bleibt, alles deutlich gesagt wird: »Sie haben mein Herz zur Freiheit gebildet, zur Gerechtigkeit, zum Großen, zum Schönen.«[50] In dem Gelöbnis am Monte Sacro[51], in dem verbalen Eifer, in dem der ungestüme Schüler, der erstaunte Meister und die unerschrockenen Ruinen zusammentreffen, müssen wir in der Version von Simón Rodríguez[52] zwei Irrtümer bezeichnen; im Verfolg der Aufzählungen berühmter Männer der Vergangenheit erscheint Lukrez als ein Satiriker. Nach dem trüben Verzeichnis der Größen Roms wird festgestellt: »aber das große Problem des Menschen in Freiheit scheint unbekannt gewesen zu sein«; und zum Schluß heißt es, der Gordische Knoten der Freiheit müsse in der Neuen Welt gelöst werden. Es genügt, die Gracchen zu erwähnen, Savonarola oder Giordano

Bruno, um uns von der Kühnheit dieser Aussage zu überzeugen; die Freiheit der Neuen Welt bleibt weiterhin eine Prophezeiung, eine Gottheit für die Zukunft.

Den Schein, den der Klassiker für die Häuslichkeit und das alltägliche Geheimnis der Höflichkeit wahrte, hängte der Romantiker auf den Balkon, wo die von Byronschen Blitzen geschüttelten Nächte heraufkommen. Kaum schifft sich Rodríguez nach Kolumbien ein, geht Bolívar nach Peru: »Ein Weiser, ein weiterer Gerechter krönt das erhobene Haupt Kolumbiens.« Er kommt nach Lima, um sich mit Bolívar zu treffen; der Palast bietet ihm seine aufeinanderfolgenden Bezauberungen in einer Reihe von geöffneten Türen. Er steigt von seinem Pferd, und im Empfangssaal umarmt Bolívar ihn zitternd. Aber zwischen all dem Prunk der Größe ohne Maß steht Rodríguez mit seinem alten Elend, mit der Niederlage in Chuquisaca[53], mit seiner Mauleselin, die zwischen Bogotá und dem Titicacasee unermeßliche Strecken zurückgelegt hat, mit seinem Stolz, mit seiner Talglichtproduktion, voller Verachtung in seiner Unbeugsamkeit, und legt den Adel der Mahlzeit fest. Und unsere Niedertracht, stets geneigt, mit dem Kupfersporn zu verwunden, fordert ihn auf vielen dieser weiten Strecken auf, gegen Bolívar Partei zu ergreifen, um Erleichterungen für den Lebensunterhalt zu erlangen. Aber der gute Alte, der in seinem Schicksal aus Fehlschlägen so sicher ist wie Bolívar in seinem titanischen Schicksal, sagt Bolívar in einem Brief, in dem er eine unvergleichliche, genaue Einfachheit erreicht: »Was soll ich ohne Sie in Amerika machen?«[54] Bolívar lebt bereits in dem großen Szenario der historischen Umwandlung der Geschicke, und Rodríguez lebt in der unsichtbaren Beförderung, im Dämon der Herbergen, im Glanz der Armut, und obwohl Bolívar sich an ihn erinnert und ihn liebt, wird die Abweichung für Rodríguez gefährlicher, der sich, als reifer Mann bereits, gezwungen sieht, die Wegstrecke seiner Tage unter Schwierigkeiten zu finden, die noch durch die Ungleichheit der Absicht vergrößert werden. Im Innern von Rodríguez ist etwas von Aleijadinho, ohne jedoch vom Fluch getroffen zu sein; auch etwas von Swedenborg, ohne etwas von dessen Prophetien und seiner Theokratie; und etwas von William Blake, ohne dessen dichterische Begeisterung. Aber er bewohnt die Zonen des Individualismus, wo er, nachdem er graubraune Entfernungen zurückgelegt hat, mit seiner Mauleselin am unfruchtbaren Feigenkaktushain ankommt und auf der Höhe der Mauer mit sich selbst spricht. Das ist eine Haltung, die aufs Äußerste geht, in der das Individuum sich ungreifbar macht, vermutbar nur und verschieden von allen Ansichten. Ein Geheimnis zeigen können, eine Herausforderung, wie Simón Rodríguez, das ist ein amerikanischer Luxus, viel eher, als man hätte erwarten können und es eine fruchtbare Forderung gewesen wäre. Er verbindet sein Schicksal mit dem Bolívars, er lebt neunzig Jahre, besessen von seiner Schule und seinen Erneuerungen, aber er hinterläßt in uns den Eindruck, daß Bolívar, der die nötige Kraft hatte, einen Augenblick des amerikanischen Schicksals deutend auszulegen und ihm Gestalt zu geben, sie nicht hatte, um seinem Lehrer nicht so sehr sein bewunderndes Lob als vielmehr das Gespräch der Landschaft zu geben, das uns begleitet und uns ein sanftes Widerlager gibt, die Brücke der beiden symbolischen Ufer, wodurch dieser schwerbeladene Geist, dieser Individualist der verzweifelten letzten Instanz, seine Glut hätte lindern, sich von dem Fluch hätte befreien können, wie diese starren und unbeugsamen Stolzen, die vor einer erschließenden Sanftheit vergehen und zuvorkommend und ehrerbietig werden.

Wie die Kehrseite der großen Bolívarschen Oden, seiner Siege, legt Simón Rodríguez unermeßliche Entfernungen zurück, schon siebzig Jahre alt, als schweigsamer Held, bis er in die dichte amerikanische Mitte vordringt; von Latacunga bis Quito, von Arequipa nach Ibarra, von Huancané nach Chuquito; diese Namen seiner Wegstrecken: haben sie nicht etwas vom Klang Bolívarscher Schlachten? Es sind seine Schlachten des Scheiterns, seine Träume eines flüchtigen Lehrers, der das Falanstère mit der Akademie verbinden wollte, der geschaffen war für das Gespräch, das sich einmal im Leben ergibt – und sein Gespräch war nichts weniger als das mit dem heranwachsenden Bolívar –, der begann, als wären seine Übungen kollektiver Erziehung ein Chor, der aber, als sein Elan mit der Routine schwächer und die erhoffte große Ausnahme nicht sichtbar wurde, erneut seine Mauleselin nahm, gleichgültig gegenüber der Armut, und von neuem begann im Morgen der neuen Landschaft. Nach dem Tod Bolívars verschärft er die Sympathie durch die Erinnerung. Wo er auch hinkommt, fast immer sind es Orte, wo der Haß gegen Bolívar wuchert, zieht er hartnäckig und widerspenstig seine *Verteidigung Bolívars* aus seiner geflickten Reisetasche, seine Ausführungen über den wahrhaften Bolívar, der jedermann zu Ehrerbietung und Hochachtung zwingt.[55] Er kam wie die Schlangenbeschwörer mit ihren großen Schachteln, aus denen das giftige Tier durch einen unvorhergesehenen Spalt davonschleichen und den Beschwörer allein in seinem Provinzhotelflur zurücklassen kann, mit seinen halbgeöffneten Schachteln und dem Frieden des schläfrigen Gewerbes. Seine Treue zu Bolívar enthüllt die Weiterungen seines Ursprungs, denn als er durch soviel beginnende Satrapie geschworenen Hasses gegen Bolívar kommt, wo ein lächelnder Umschlag von Hochachtung zu Unehrerbietigkeit ihm eine mühelose Pfründe eingebracht hätte, zieht er es vor, die Richtung zu wechseln und seiner denkwürdigen *Verteidigung Bolívars* eine Seite hinzuzufügen. Damals entschließt Simón Rodríguez sich, bis zum Äußersten zu gelangen, in der Mitte, mit seiner Fibel und seiner Prophetie gegenüber dem höllischen Urwald, vor Elend zu sterben, seine Talglichter zu machen, um den Unterhalt für die Indianerin, die seine Frau ist, und für sein Kind zu beschaffen. Nachdem Bolívar in der Verbannung gestorben ist, bietet er eine weitere Heldentat gleicher Größe. Sterben vor Elend, vor Einsamkeit. Er ist fast achtzig Jahre alt, als ihn die Bitterkeit schrammt, und seine Sätze haben denselben Klang der Größe wie die des sterbenden Bolívar. »Weil ich mehr lehren wollte, als alle lernen«, sagt er uns, »haben wenige mich verstanden, viele mich verachtet und einige sich die Mühe genommen, mich zu verfolgen. Weil ich viel tun wollte, habe ich gar nichts getan, weil ich andere umstülpen wollte, bin ich dahingekommen, nicht einmal mich selbst umzustülpen.« Seine ausschweifende Großzügigkeit ist auf leere Schläuche gestoßen, sein wesentlicher Reichtum hat das Steinige, das Reptilische gereizt. Und an seinem Ende lädt ihn jemand zu einer neuen Gründung ein, und indem er sein Feingefühl für den Freund unbehelligt läßt, sagt er zu ihm, daß sein mangelndes Ansehen ihm nur schaden würde. Er wußte bereits, daß seine Berührung, wie die Lepra Aleijadinhos, Gefahr und Tod einflößte. Warum wies man eine der größten Schöpferkräfte, die es auf amerikanischem Boden gegeben hat, zurück? Warum ließ man eine unserer faszinierendsten Persönlichkeiten, jemanden, der Geschichte prophezeit, gemacht und entwikkelt hatte, im Freien stehen?

Wir wollen versuchen, für den Fall des Simón Rodríguez eine gültige Antwort zu geben, für das nachtragende Elend, das diese Art zu leben, sich zu erheben und zu verachten, erzeugt und hervorruft. Er war stark, er war machtvoll und hatte geradezu einen verschlagenen Blick für die Erkenntnis, und am Ende sieht er sich auf die erstaunte Verblüffung reduziert, denn er hat ein kaltes Ungeheuer gezeugt, das ihn in eine kreisförmige Palisade einschließt, die sich zusammenzieht und ihn erdrückt wie ein böser Traum. Neben dem, was er von einem ehemaligen psychologischen Typus gehabt haben könnte, von einem Mann, der nur seine eigenen abgründigen Gesetze intuitiv erkennt, weckte er die

Überlegungen, die zur Verteidigung des über seinen Fall beschämten Gesprächspartners zwingen. Er lebte in der unbeugsamen Freiheit, er hatte die Ausstrahlung des Glanzes noch in der Armut, er erzeugte eine neue Kausalität. Das erklärt den labyrinthischen Haß, die Rücksichtslosigkeit, die grobschlächtigen Unterstellungen. Das erklärt, weshalb José Martí sich in einem neuen Klima aus schlammigen Anwürfen und aus Hochstapelei entwickeln mußte, in einer Atmosphäre aus Niederträchtigkeiten, die sich nicht kleinkriegen lassen und die, wie Furien, wie ein Gegenchor, an dem Tag kreischen, an dem sie seinen gespaltenen Kopf zu Beweiszwecken ausgestellt sehen, die an den nicht beerdigten Eteokles erinnern. Das erklärt, daß ein García Lorca um Mitternacht wie ein dunkelsilber marmorierter Mittelmeerdelphin aus einem namenlosen Grab aufsteigt.

Das erklärt, daß man einen Simón Rodríguez mit seinem teuflischen und überaus kraftvollen Ich in der äußersten Ecke der Welt vergaß, statt ihm ein sanftes Gespräch zu bieten, eine vergnügliche Lust für den geheimnisvollen Begründer des menschlichen Gangs in die Ferne, die sich nicht ergibt. Er zieht nun durch die Gegenden von Samán, von Taraco, von Pucará, von Azángaro. Dort überrascht ihn ein französischer Reisender, der an archäologischen Nachforschungen um den Titicacasee interessiert ist. Hinter dem Ladentisch für den Verkauf von Talglichtern ein Zimmer, das als Schlafzimmer, als Laboratorium und als Küche diente. Die Indianerin an seiner Seite schaut ihn bisweilen, als wolle sie ihm seine Verehrung für die Inkakultur vergelten, mit dem unvergeßlichen Blick eines Hundemuttertiers an, und kehrt dann barfuß zum Ladentisch zurück. Der Reisende stellt überrascht fest, daß dieser im Elend und der andinen Bergwelt verlassene Mann sieben Sprachen spricht, ihm ethnographische Daten über den Süden des Titicacasees gibt und mit seinen achtzig Jahren von einer erstaunlichen Redegewandtheit ist. Er zeigt sich zuvorkommend, bietet ihm Speise und Unterkunft an. »Er trug ein schmutziges Hemd«, schreibt der französische Reisende, »mit zerknittertem Kragen, eine fadenscheinige Krawatte, einen Poncho von unbestimmbarer Farbe, der eine behaarte und vom Wetter gebräunte Brust sehen ließ, eine Hose aus blauem Boi und nägelbeschlagene Schuhe.« Er bietet an, was er hat, nicht im Bestreben, Armut zu zeigen, sondern damit der Geist der Zuvorkommenheit ihn nicht verläßt. »Das Lager, das er mir anbot«, sagt derselbe Reisende, »befand sich in einem an das Zimmer, in dem wir gegessen hatten, anschließenden Loch und bestand aus zwei Hammelfellen und einem sackleinenen Poncho als Decke.« Indem er auf alles wie mit Luchsaugen achtet, das feine Aussehen, das höfliche Gebaren, die gewandte Philologie, die ihre Meisterschaft auch in der öden Verlassenheit bewahrt, betrachtet der französische Archäologe »mit Erstaunen«, mit diesem hübschen Erstaunen *à la française,* fügen wir hinzu, »diesen einzigartigen Polyglotten von Kopf bis Fuß, geneigt, ihn zu fragen, ob er nicht der Leibhaftige selbst sei.«[56] Der französische Reisende kann nicht verstehen, daß Simón Rodríguez damit seine letzten Schlachten gewann, indem er ein Ungewöhnliches von solcher Inbrunst bot, daß es scheint, als verbliebe er noch im Zentralmassiv des Amerikanischen: mit seinem kleinen angezündeten Talglicht, dem vom Kolibri stibitzten Feuer, aufgeklart im unaufhörlichen Fortschreiten des Lichts.

Die nahe Liebe zu der Indianerin bestand nicht nur in seinem Eros, sondern in seiner Überzeugung, was die Inkakultur ausmache. »Die von den Spaniern zerschlagene Kultur der Inkas«, sagte er mit einiger Naivität, »konnte sich mit den größten der ganzen Welt vergleichen.« Der Sozialismus des kollektiven Siebens, den Manco Capac eingeführt hatte, steht im Mittelpunkt seiner Verehrung für den Ackerbau. Aber was ihn vielleicht am meisten an dieser Kultur verführte, wird wohl der Kultus des unsichtbaren Gotts gewesen sein, dessen einziger Ritus es war, die Luft zu küssen. Jenseits des Sonnenkults der Inkas gab es den Pachacámac oder den Kult der Naturseele. Er schien sich mit diesem unsichtbaren Gott zu begnügen, der nun noch immer von den Talglichtern erleuchtet sein muß, die er eigenhändig gefertigt hat, um das Elend fernzuhalten, und den sein geheimer Eros an dem Tag sichtbar gemacht haben muß, als das Bolívarsche Blitzen sich aufrichtete, um auf den Ruinen zu sprechen und die Vorzeichen zu beseelen. Simón Rodríguez hatte einen allzu zornigen Daimon, um ein Weltbürger zu sein. Als Buchdrucker in Mexiko oder Sprachlehrer in Rußland geht er vorbei wie im Verborgenen, flüchtig, ohne sich von seinem Fluch zu befreien. Aber der erste große Amerikaner, der in Europa seiner Entwicklung einen angemessenen Rahmen gibt, ist Francisco de Miranda. Die ihn einen Weltbürger, wie Humboldt oder Goethe, genannt haben, begehen einen kleinen Irrtum, der wegen des Feuers ihrer Verehrung verzeihlich ist. Der Weltbürger fühlt sich überall wie zu Haus in seinen Forschungen, und schon sehen wir Humboldt, wie er sich an den Habanera-Tänzen erfreut, in den Wohnsitzen der erlesensten Hofgesellschaft, während in Goethe seine schweifende universale Neugier im Umkreis seines statischen Weimarer Zentrums Halt hat. Miranda ist allzu sehr gepackt vom Freiheitsdrang seines Volks, und in Wien oder in Moskau scheint er das letzte Gefängnis zu ahnen, nicht die endlosen aufeinanderfolgenden Gefängnisse Fray Servandos, woraus sein Geist in dem unsichtbaren Gott der Inkas am Tag des triumphalen Einzugs von Bolívar in Caracas befreit wird. Zwischen den Prophezeiungen über seine Größe, die Lavater ausgesprochen hat, und der schwankenden Unschlüssigkeit, zu der ihn die Vorbehalte von Mister Pitt zwingen, hat sein Schicksal eine sich ausdehnende Woge, auf der er große Entfernungen zurücklegt, und eine sich zusammenziehende, auf der er wie verkleidet sein muß. Er stürzt sich auf das Rußland der Aufklärung, aber am Ende schließt Katharina ihn von Angesicht zu Angesicht im Rokokosaal des Zarenpalasts ein. Er kommt in die Kanzlei von Mister Pitt, aber schließlich bittet er um die Rückgabe seiner Papiere und verläßt sie als Händler verkleidet, denn als er Pitt weitestgehend zu Gunsten seiner Sache vorbereitet glaubt, neigt dieser sich Spanien zu, als einem Mittel, Frankreich zu bekämpfen. Miranda verstrickte sich in den Prinzipien, Pitt befreite sich im Bündnis mit den Fakten. Nachdem die spanische Herrschaft in Amerika aufgehört hat, muß den argwöhnischen Pitt das Inkatum Mirandas befremden, die machtvolle Auferstehung dieses Reichs im Süden, die Pitt beunruhigender erscheinen muß als die dekadente Schlußphase Spaniens. Pitt erkennt genau, daß in diesem Augenblick der europäischen Geschichte der Feind, den England zu besiegen hat, Frankreich ist, und Miranda bleibt starr und sprachlos im Gefängnis, angeklagt von Fouquier-Tinville, während paradoxerweise Pitt die Rolle übernimmt, das Schicksal zu deuten.

Als mit dem Direktorium die Politik der Jakobiner zusammenbricht, ist Miranda mit seinem Ruf als Girondistengeneral und rechter Arm von Dumouriez der berühmteste der ausländischen Offiziere, die sich dem Schicksal Frankreichs eingegliedert haben, während Bonaparte auf der großen Bühne noch unbekannt ist, denn Miranda kennt sowohl das Rußland der Aufklärung als auch das England der Ökonomisten.

Nach dem Fall Robespierres ist General Miranda der Mann mit dem höchsten Ansehen im französischen Heer. Bekannt ist der Einfluß der Frauen auf den Fall des »Unbestechlichen«, Madame Tallien, die leidenschaftliche Teresa Cabarrús, treibt ihn, die Verschwörung gegen den schrecklichen kleinen Advokaten von Arras vorzubereiten. Miranda hat Madame Pétion, die Witwe des Revolutionärs, die feurige Custine und die gedankenvolle Madame de Staël auf seiner Seite. In dieser Zeit werden im Salon der Joséphine Beauharnais nur tendenziöse Offizierchen rekrutiert. Für einen Augenblick liegt das Schicksal, das Napoleon so üppig bewohnt hatte, in den Händen General Mirandas, und während dieser schwankend zaudert, ein Schicksal zu entziffern, treibt Napoleon, der sehr wohl in seinen Sternen liest, Fouché auf ihn, um ihn erneut in ein Gefängnis hinabsteigen zu lassen. Aber mit welchem Stolz können wir dieses Zeichen feststellen, das üppigste klassische Schicksal dieses Augenblicks, um 1800, ist das Mirandas. Außer seinem Rang im französischen Heer ist er Oberst im russischen Heer und reist mit einem Paß Katharinas der Großen, ist er ein Freund George Washingtons und John Turnbulls und auch Hamiltons. Das heißt, er hat mächtige Beziehungen in den Vereinigten Staaten, in Rußland, in England und in Frankreich. Der junge Napoleon spricht von seinem heiligen Feuer. Er verliert ihn nicht aus den Augen. Aber schon 1800 herrscht auf der großen Bühne Europas ein amerikanischer Stolz; General Miranda ist der Mann mit dem umfassendsten Schicksal, mit dem verheißungsvollsten Stern. Napoleon ist wie geblendet von ihm, ist ein abergläubischer Mensch, gibt vor, das Schicksal lesen zu können. Plötzlich, wie in einem Blitz, ist er es, der die Gefahr auf sich nimmt.

Die kulturpolitische Geschichte Amerikas muß in ihrer Ausdrucksfülle – und das mit mehr Gründen als in der abendländischen Welt – als eine Gesamtheit eingeschätzt werden. Der Amerikaner, der einen morphologischen Sinn einer ganzheitlichen Entwicklung erhalten will, muß von dem Punkt ausgehen, an dem die Inka-Kultur noch lebendig ist. Die Idee des Inkanats ist im Geist von Simón Rodríguez, von Francisco de Miranda und von Simón Bolívar machtvoll lebendig; während des 19. Jahrhunderts kann man an den Hauptfiguren in der Familie der Gründer die Tendenz zu Bindungen beobachten, zur Suche nach Strahlungszentren, die Kehrseite der zerstreuenden und vereinzelnden Haltung, die ein Charakteristikum des Spaniers in seinem Land oder bei der Kolonisation war. Als General Miranda Mister Pitt besucht, um Hilfe für die amerikanische Sache zu suchen, stellt er ihm kubanische, peruanische und chilenische Gesandte vor. Natürlich fragt Mister Pitt, der alte Fuchs, ihn nach seinem Beglaubigungsschreiben, nach der Herkunft seines Mandats. In dem Maß, wie der gute Stern Napoleons aufgeht, erkennt Pitt genau, daß das erste Viertel des 19. Jahrhunderts kontinental sein muß, daß der Korse seine ganze Aufmerksamkeit beanspruchen würde. Aber der große spanische Irrtum dieses Augenblicks besteht darin, nicht zu sehen, daß der Aufschwung Napoleons die englische Aufmerksamkeit für die amerikanische Sache schwächt und daß der spanische Widerstand gegenüber Napoleon, in dem Maß, wie dessen Position schwächer wird, die Folge hat, daß Pitt sich erneut nach Amerika wendet und dessen Trennung von Spanien begünstigt. Aber Spanien bindet sich mit historischer Unbewußtheit an Ferdinand VII., eine goyesk makrozephale Gestalt, der sich auf der großen Bühne dieser Zeit nicht bewegen kann, mit dem industriellen Aufschwung der konservativen englischen Politik, der napoleonischen Energie, der amerikanischen Unabhängigkeit. Ein Francisco de Miranda führt ein aufwendiges Leben, bezahlt fast immer von den Turnbulls, den Hamiltons und anderen Gestalten des Chors, der auf die Verschlagenheit Mister Pitts antwortet. Als das Napoleonische Wetterleuchten vom europäischen Schauplatz verschwunden ist, wird die englische Hilfe wirksamer, aber Miranda ist bereits siebzig Jahre alt und er erkennt in seiner venezolaner Zeit nicht das achtundzwanzigjährige Genie Bolívars, der sich rächt, indem er ihn verhaften läßt, ihn seiner Zuständigkeiten enthebt und, als logische Konsequenz, Monteverde die Gelegenheit gibt, ihn vollkommen wirkungslos zu machen, was ihn erneut in das historische amerikanische Gefängnis bringt, wo der Romantiker, von Fray Servando bis zu José Martí, sich vom Bild der Ferne verpflichtet sieht, eine Tatsache zu rekonstruieren. Schon bleibt ihm nur noch, in dem immergleichen Gefängnis zu sterben, während Bolívar der Wildheit Monteverdes entflieht und sich darauf vorbereitet, noch über sein üppiges Schicksal hinauszuwachsen.

Ein Vorgang zeigt, wie notwendig diese Ganzheitlichkeit bei der gesamten Entwicklung einer historischen Vision Amerikas ist. 1842 zeigt sich General Valdés in der kubanischen Regierung höchst verärgert über die Zeit von Mister Turnbull, dem englischen Konsul, in Havanna; man beschuldigt ihn nicht nur, Abolitionist zu sein, sondern auch, Aufstände der Schwarzen auf Zuckerrohrplantagen und Landgütern zu fördern. General Valdés drängt die »Ökonomische Gesellschaft der Freunde des Lands«, den Konsul Mr. Turnbull auszuweisen. Bekannt ist der stolze und magistrale Eingriff Don José de la Luz Caballeros gegen die Ausweisung. Wenn wir heute die Erinnerungen und Dokumente Francisco de Mirandas durchsehen, stoßen wir auf den wahren Ursprung dieses Vorgangs. Es war John Turnbull, sicherlich ein Vorfahr des Konsuls, der die Beziehungen zwischen Pitt und General Miranda finanzierte. Unter den Sekretären Mirandas waren mehrere Verräter, die der spanischen Obrigkeit sogar Dokumente und Einzelheiten der Verschwörungspläne übergaben, die in England zur Befreiung Amerikas geschmiedet worden waren. General Valdés muß diese Einzelheiten durch sein Amt gekannt haben, und er muß diesen neuen Mister Turnbull mit natürlichem Argwohn betrachtet haben, der mit solch gefährlichen Haltungen wieder auftaucht, wie sie sein Vorfahr in der Zeit des Premiers Pitt begonnen hatte. Das heißt, daß der Historiker, der eine Dimension in unserer Geschichte erlangt, sie von der Gesamtheit der amerikanischen Geschichte haben muß. Zwischen dem 17. und dem 18. Jahrhundert bei den

Verwaltungsbeamten, die wie Güemes und Horcasitas in Mexiko oder in Kuba geherrscht haben, im Nachhall des Barocks. Danach dann im ersten Viertel des 19. Jahrhunderts läuft die Verbindung zwischen Venezuela und Kuba über die Cagigals und die Grafen von Casa Montalvo, die in der umfangreichen Korrespondenz Mirandas auftauchen. Ein Fray Servando oder ein Francisco de Miranda, deren Zeit in Havanna offensichtlich ohne größere Auswirkungen geblieben ist, sind so, in einer retrospektiven Vision, mit dem Schöpferischsten ihrer Zeit in unserem Land verbunden gewesen. Und ganz einfache Punkte einer Wegstrecke erhalten so, in der Projektion des historischen Sinns auf seine Zukünftigkeit, wenn sie durch diese retrospektive historische Vision wiederbelebt werden, eine erhebliche und sehr grundsätzliche Bedeutung.

Um das 19. Jahrhundert zu erläutern, haben wir die Figuren ausgewählt, die uns durch das Scheitern am grundsätzlichsten als Romantiker erscheinen. Ein Simón Bolívar wird unbedeutend, sobald er mit dem gelobten Land in Berührung kommt, sobald er stehenbleibt und eine Wirklichkeit benennt. Wir haben das Gefängnis Fray Servando Teresa de Miers vorgezogen; die höllische Flucht von Simón Rodríguez zum Mittelpunkt der Erde, zu den Seen der Protohistorie; den höchst verwickelten Fall Francisco de Mirandas, der sich als ein grandioser Akteur durch das Europa der französischen Revolution, Pitts, Napoleons und Katharinas der Großen bewegt, wo er schließlich in der Entfremdung untergeht und nach Amerika zurückkehrt, wo das Schicksal des jungen Bolívar ihn für unbrauchbar erklärt und ihn ohne Unterstützung läßt, wo er sich zusammenhanglos und unentschieden zeigt und seinen Namen mit dem ersten großen Scheitern der venezolanischen Unabhängigkeit verbindet. »Krach, Krach, diese Leute können nichts als Krach machen«, sagt er, in Erinnerung an seine gute Zeit, da er bei den galanten Verschwörungen des Salons der Madame Custine mitmischte oder bei der in neoklassischem Französisch geführten Konversation mit Katharina im Rokoko-Salon. Aber dieser großen romantischen Tradition des 19. Jahrhunderts, der des Gefängnisses, der Abwesenheit, dem Bild und dem Tod gelingt es, die amerikanische Tatsache zu schaffen, deren Schicksal mehr aus möglichen Abwesenheiten als aus unmöglichen Anwesenheiten gebildet ist. Die Tradition der möglichen Abwesenheiten ist die große amerikanische Tradition gewesen, in der die erreichte historische Tatsache ihren Ort hat. José Martí repräsentiert in einer großartigen verbalen Weihnacht die Fülle der möglichen Abwesenheit. In ihm gipfelt das Gefängnis Fray Servandos, das Scheitern von Simón Rodríguez, der Tod Francisco de Mirandas, aber auch der Blitz der sieben Intuitionen aus der chinesischen Kultur, der es ihm gestattet, durch die Metapher der Erkenntnis, den Strudel zu berühren und zu schaffen, der ihn zerstört; das Geheimnis, welches die Flucht der großen Verlierer und das Schwanken zwischen zwei großen Schicksalen nicht anhält und welches er auflöst, als er sich dem Haus der Nation anschließt, das im Bürgerkrieg angezündet werden wird. Seinem Tod müssen wir innerhalb des inkaischen Pachacámac, des unsichtbaren Gotts einen Ort anweisen. Er wollte uns nicht im mykenischen Ideal des Totenkults leben lassen; und wenn wir durch die dichterische Erkenntnis sein Grab ausschöpfen, wird er selbst uns zu unserem kleinen jonischen Unternehmen führen, zur Dichtung als Vorspiel der Belagerung der Stadt, nicht ihrer gezwungenen Vereinigung mit dem angezündeten Haus, das beginnt, ein Schicksal aufzuhellen. Die letzten Worte seiner beiden *Tagebücher* erinnern uns an die Vorsichtsmaßnahmen, die, dem *Totenbuch* folgend, für die unterirdischen Wohnstätten zu treffen sind. Er bittet um Bücher, er bittet um Krüge mit Feigenblättern. Er bietet Nahrungsmittel an, »für die Neuankömmlinge, mit einem Stein im Mörser«. Das Tal scheint solche Schluchten für den Neuankömmling zu schmücken, der zu erkennen und zu benennen beginnt, sich, den orphischen Kulten folgend, im Unwirklichen zu orientieren, durch die Schwere des Brots, das Gleichgewicht des Milchnapfs und das Bellen des Hunds. Seine *Tagebücher* sind die tastende Entdeckung der Ausschiffung, des Neuankömmlings, des Halbschlafs, des Geahnten. Er steht an der Spitze zweier großer Augenblicke des amerikanischen Ausdrucks. Desjenigen, der eine Tatsache durch den Spiegel des Bilds schafft. Und desjenigen, der im mexikanischen Lied, in der bauchigen Gitarre Martín Fierros, im theologischen Wal und im Whitmanschen Körper das Retabel für den Stern erlangt, der die Geburt ankündigt.

Geburt des kreolischen Ausdrucks

Wenn wir für das 19. Jahrhundert bereits auf die großen Gefangenen, die galant weltmännischen Verbannten, die flüchtigen Misanthropen, die ungreifbaren wahrhaftigen Superiore hingewiesen haben, so gibt es etwas wie die andere Unterströmung, in der die Wortretabeln erscheinen, die uns ein Gleißen schenken und Befreiung vom bischöflichen Haus. Zu der Zeit, als Fray Servando in den aufeinanderfolgenden Gefängnissen der Halbinsel sein Rheuma beweint, zupfen die einfältige Biene des Sonetts und der Wespenstachel in der zischenden Dezime an der Soutane der falschen Hierarchie der violetten Riesenschildkröten. Als der wilde Monteverde die Verschwörer und die tapferen Kämpfer des flachen Lands niedermetzelt, tauchen am Sternenhimmel Uruguays die großen Estanziero-Gitarren auf, die die Cielito genannten Volkslieder mit ihren Haßtiraden auf Ferdinand VII. anstimmen. Und bei uns der größte von allen, José Martí, mit seiner großen Serenade vom Achtsilber mit Bandurriabegleitung bis zum Glockenschlag seiner Notizen vor dem Tod: in ihm sind alle Überraschungen des schattigen Walds wie bestätigt und bewiesen in einem Geläut zum Schwingen.

Bei den Feiern des Nevruz im Persien des Buchs der Sagen stürzte man sich zu Beginn des Jahres und des Frühlings in das große Fest, zusammen mit der entstehenden natürlichen Vollendung, die sich vor allen vollzog und die Ankunft des Unbekannten und Wunderbaren ankündigte, bis in der Erschöpfung am Ende des Fests der Inder mit dem Zauberpferd kam. Auf dieselbe Weise muß sich nach der verbalen Ermattung, die schon zur Zeit Philipps IV. zu beobachten ist, die Verzauberung der Stimme ereignen, die sich beleibt wie die Nacht erhebt, die den Ombúbaum aufsaugt, beim

Biwak der südlichen Estanzieros in der konzeptistischen Vizinalsatire des mexikanischen Vizekönigtums. Aus demselben Grund auch nimmt der Amerikaner, wie bei den Sendungsschwierigkeiten im *Popol Vuh*, eine verbale Tradition nicht auf, sondern setzt sie in die Tat um, mit Argwohn, mit Verzauberung, mit anziehender Knabenhaftigkeit. Martí, Darío und Vallejo leiten den verbalen Geburtsakt ein, umgeben von Unwirksamkeit und toten Worten. Der Sentenzenreiche kann wortkarg werden; der Gedankenvolle kann über dem Zünglein des Abwägens einschlafen. Aber dem Amerikaner – Martí, Darío oder Vallejo –, der sich daranmachte, seine Worte zu sammeln, fügen sie sich inmitten der Forderungen der neuen Landschaft zusammen und verwandeln sich in farbige Körperchen. Jeder Amerikaner ist immer ein Stück sanfter Gongoriner, dessen Wortschwall mit fortschreitendem Weingenuß hervorbricht, eher traulich, nicht tragisch, wie beim Spanier, bei der einfältigen Taufe oder am Tag, an dem er wonnevoll scheitert bei der Perlenlese.

In der vorzüglichen Kohlenglut der spanischen Satire, vom Mingo Revulgo bis zu Quevedos Ritter von der Zange, stoßen wir überall auf die Wut der Klatschkolumne, die den Mächtigen und der höfischen Gesellschaft brennende Sorgen bereitet. Villamediana oder Quevedo, Góngora oder Polo de Medina lassen ihre Schriften los wie Bremsen einer überall nachbohrenden, donnernden Wut, die über die Bürger ihrer Umgebung hinwegstreicht. Quevedo gelangen einige Personen, gebildet wie aus verbalem Marzipan, »die verlorene und aus der Art geschlagene Zeit«; einige Vermählungen, Erzeuger nächtlicher Kinder, wie etwa die Hochzeit von Unglück und Not mit dem Dispens, die den endlosen Ringelreihen ihrer Familie begründen. »Das ist gut so«, »Was geht ihn das an«, »Lassen Sie das« sind wie eine verbale Substanz, die Quevedo aus der Asche emporhebt, aber die Jahrhunderte später Goya bebildert und erklärt. Er läßt sie mit Blut anschwellen. Der schattendüstere Quevedianische Totenkopf scheint erneut zu tanzen, als Goya den außergewöhnlichen Ungeheuern die Alltagssätze unterlegt, die bereits Quevedo vergiftet hatte, wie dieser große Stein, auf dem die Verurteilten warten, daß sie an die Reihe kommen. Die Genealogien schlagen wie ein goldener Stab auf den verschlafenen Einfaltspinsel. Es errichtet sich der heraldische Baum der Dummheit, voller Spatzen, die der gelbe Ceyloneser Sperber enthauptet hat. Auf dem Thron selbst weist er der Häßlichkeit des Hofstaats der Wunder, Zwergen, Verwachsenen, Riesen und Zambos den Ort an, die Goya später von Höflingen zu Königen erhöht, tanzend im kurzen Rock, großnasig, beleckt von einem Pudel. Quevedo kippt Tonnen treffender Worte über ein moralisierendes Schwengelchen aus. Seine farbige Traurigkeit, an der Góngora sich wetzte, beginnt damit, keine Ungeheuer zu schaffen, an deren wie Trommeln aufgeblähtem Kropf sich sein verbaler Angriff aufreibt. Wenn er ein kostbares Wort findet, wie etwa schellhörnig, dann um es dem ältlichen Gehörnten gegenüberzustellen. Die Geschwindigkeit seiner Wortprägungen, worin er einer der Größten war, die je gelebt haben, setzen eine wuchtige Last aus Worten in Bewegung, um sie auf Unzufriedenheiten, Mängel und titanische Wut zu richten. Wenn Molière von einem *cocu* handelt, endet er mit einer Art mitleidenden Zärtlichkeit, aber Quevedo zerquetscht den armen Teufel mit einem Stock aus Worten, zermalmt und zerreibt ihm die Knochen. Die Imagination Quevedos gravitiert um den Mittelpunkt der Erde, die Unterwelt der Griechen; wie eine Onyxfledermaus mit Augen, die Bleikörner sind, zeigt er eine Art zu erkennen, die die kalte Schroffheit des Tritts auf die Füße braucht.

Aber dieser scharfe, wuchtige Schlag, der sich noch verstärkte wie ein Bläschen an einem ungeheuren Karpfen, und der dem Schwengelchen des Unanständigen, des heimtückischen Luchs im samtenen Fell versetzt worden ist, hatte eine

Art undurchdringlichen weltlichen Schutz, die stoische Sentenz, die Intarsie der römischen Moralistik, des Sonetts, in dem die Form eine Art Lektion für den Tod verströmt, so als hätten Glück und günstiges Geschick den Rückhalt dieser Grabesprobe. Das Skelett und die Ruine, die Waage und die Liebe, wie ein Rapier, das zugleich ein Merkurstab wäre. Das Sonett richtet ihn zu wie ein Gerippe, denn durch ein genaues und flinkes Paradox spornt er sein Leben an als Gefangener dieses Gerippes, nach Art dieser Schädel, die als Blumentopf dienen, in denen die Blume aufragt und auf deren Grund man die Abfälle des Wurms ahnt. Zum Schwarz seiner Jacke des Santiago-Ritterordens paßt gut ein kaltes Silber von stolzer Würde, ein Rot von Blut gemischt mit erdfarbenen Eingeweiden. In ihm ist etwas von der Strenge Zurbaráns, dem Skeletthaften von Valdés Leal, aber sein Hauptbeitrag ist das Stirnrunzeln, die finstere Miene, die wie ein Armbrustbogen schaut, aber eine Feuerqualle ist, der finstere Engel für unser Volk; ihm gelingt ein vornehm strenger Ton, nicht jedoch das Verzeichnis des Weckrufs beim Siegesfest aller, sondern der vorweggenommene Hohlkopf, der vorschreibt und austilgt und weitere unentzifferbare Späße macht, aber den wir schließlich im Zusammenstoß lesen.

Der Schaum des Quevedianischen Marks und das edle Gold Góngoras gingen in unseren Landen eine gute Verbindung ein, denn während in Spanien die beiden größten Wasserspeier ungestüm aus der humanistischen Tradition kamen, trugen sie in Amerika eine Art Stutzergewand, Sonntagshornisse, worauf wir später noch genauer eingehen, wenn wir das große Lob vermehren und mit einem Nimbus versehen. Um bei der metrischen und ungleichmäßigen Erneuerung vornweg zu gehen, oder um sich zu sammeln, wenn alles Böse auseinanderrennt und wild die Flucht ergreift, gab es eine Notwendigkeit des Hübschen, eine kleine Brücke von köstlicher Zahmheit, zwischen der

Religiösität des Marks und dem wie geschliffen glänzenden Phosphor des Osseins. Es ist wie eine Sicherheit, die vom Tischtuch ausgeht, vom Abschied, vom guten Eintritt in das schonungslose Büro, vom Einschlafen mit dem versöhnten Zeichen des Tods, und andererseits ein Wunsch, sich in dem Bärtchen auszudrücken; die liest und zuhört, aber die auf halbem Weg stehenbleibt, weil die mittelmäßige Religiösität, die sie treibt, das Formale zu erreichen, nicht das Stück Geheimnis ist, das eine Berufung gibt, die vom erhellenden Zusammenhang der Jahre getragen wird, sondern vom Wissen, mit weit offenen Augen in einer zentralen Region des Feuers zu stehen, wie ein Salamander, der das Salz funkensprühenden Witzes hat, ohne Angst zu erblinden. Und auch wenn in diesen Augenblicken der Stutzer zurückbleibt, denn er hatte zumindest auf das unwesentlich Feinsinnige gesetzt, bleibt ihm ein Ekel in der Erinnerung.

In der Phase dieses Stutzers, der in der Umgebung gewesen ist und der ein Tischtuch hat, bleibt ihm ein gutes Mißtrauen gegenüber dem höfischen Leben, den Blitzen der Bosheit und der Anmut des bunten Wortschwalls. Aber dieses Stutzerbärtchen, dessen Anmut eine des Dazwischen ist, stellt sich bisweilen wieder her und verwirklicht sich wie der namenlose Mann von der Straße. Er wollte sich einen Namen machen, doch blieb er verwirrt zurück, denn der ist nicht berufen, der nicht weiß, ob er bereits berufen ist, Willensgang, wenn nicht übernatürliches Gebot, unentzifferbare Anweisung, die er erfüllt. Dieser Anonyme ist auch nicht untätig, denn er verfällt auf die Satire der Macht und trägt zum Stolpern der Macht bei, mit Texten, die eine Verknüpfung aus Karikatur und Groteske sind und die gesungen werden. Es ist die Antithese zu der Art Quevedoscher Satire, die sich auf die Hypertrophie des Wortschwalls über die Sitten beschränkt, die aber keine Veränderung bringt, denn sie verbindet sich nicht mit der Volkskultur, die eine neue Strömung bringt, die wahrhafte Geburt. Aber für das

Amerikanische haben der Stoizismus Quevedos und das Flimmern Góngoras etwas volkhaft Unterirdisches. Sie schaffen einen ausnehmend widerstandsfähigen Kreolen für das Ethische und eine feine Spitze für das Sprechen und die Unterscheidung: von dort kommt die Unabhängigkeit.

Bei dem literarischen Bankett bekleidet der Amerikaner das Amt des Hauptkosters. Nach den Schüsseln und Schalen mit dem Backwerk, den lächelnden Früchten und dem morgenroten Panzer der Krustazee kommt der abschließende Nachtisch, wie es etwa das Konfekt oder die Creme haben sein können, um mit dem Öl oder dem Schmalzbröckchen aufzuräumen, als Vermittlung zwischen dem Feuer und dem Geschmorten. Der Okzidentale, ein Meister des gebrannten Tropfens, fügt noch die verfeinerte Essenz des Kaffees hinzu, der durch die Magie der orientalischen Kulturen überbracht worden ist und der die Wonne einiger Mozartscher Ouvertüren *alla turca* mit sich bringt oder auch den bereits gegebenen Hinweis auf einige fröhliche Kantaten, mit denen sich das majestätische Vergnügen Bachs unterhielt. Diese Essenz war wie ein Zusatzpunkt zur Süße der Creme, ein okzidentaler Luxus, der mit diesem orientalischen Tropfen die verschiedenen Metaphysiken des Geschmacks erweiterte. Aber zu dieser Vollendung des Banketts, die ein Vorgang kultureller Assimilierung ist, hätte der Amerikaner die letzte Vollkommenheit beizutragen, den runden Endpunkt des Tabakblatts. Der Amerikaner hat zu dem Raffinement des okzidentalen Banketts ein weiteres Raffinement der Natur beigetragen. Der Abschluß mit einem Geschmack von Natur, der an die erste Phase vor den Verwandlungen des Feuers erinnerte. Mit der Natur, die einen Rauch schenkt, die das Lob und die wesentliche Gabe der Verdunstung spendet.

Dieser erste Vermittler in der Satire, die am Unterirdischen klebt, ist der gutmütige Mann aus dem Volk, ein notwendig schlechter Dichter. Es gibt den schlechten Dichter, den Angiolieri mit seinem Haß auf Dante, ein Zeichen der verdorbenen Frucht, zu nichts weiter gut, als zu vergiften und zu verwirren. Aber es gibt auch den schlechten Dichter mit dem Nachklang eines guten und eigenen Tonfalls, der aus dem Geschlecht der Gaukler und Spielleute stammt, als die Dichtung ihre florentinische Feinheit hatte, ihre Fülle an galanten Fabeln, der seine Freude an ihrem scherzhaften Feuerwerk hat und dessen Wurzel in einem Bereich liegt, in dem die Literatur nicht verläuft, der aber aus der Dichtung eine schon leicht abgegriffene Münze macht, jedoch mit vollblütiger Jahrmarktsblume. Das ist die Dichtung, die auf die Literatur verzichtet, die aber ausgelassen ist wie ein fröhliches Amulett. Sie überzeugt bald davon, daß sie ein schlagendes Maß vorgibt, welches das Leben braucht. Sie dehnt sich über das Messerblatt aus, umgeben von kleinen Girlanden, und mit wie Volants hochgestellten kleinen Buchstaben sagt sie: *Ich bin deine Liebe.* Wenn die alten Zuckerbäcker ihre Ware anpreisen: *Zuckerguß, Zuckerguß, wer nicht ißt, kennt kein Genuß.* In den Kehrreimen der Schwarzen an ihrem Dreikönigsfest: *Petrona macht mir schwer zu schaffen, gibst du's mir nicht, dann brech ich dir den Hals.* Die Wägelchen der Frühaufsteher bringen, als wäre es eine Tätowierung: *Ich folge dem Schicksal; ich ziehe durch die Welt und tu, was mir gefällt; leide; der Schöne aus Lanus; Schau mich gut an, ich bin immer derselbe; du hättest es mir gesagt.* Oder wenn in unseren öffentlichen Verkehrsmitteln ein Lahmer mitfährt, seine Losnummern wie einen Wimpel entfaltet und ruft: *die Spinne bringt fette Gewinne.* Dabei gibt sich die Dichtung leicht und erfolgreich, denn ihre Sätze, einfache losgerissene Worte – leide –, lassen ihr Sirenenschnäuzchen sehen, das die zahllosen Schnauzen der Herde zurückgewiesen hat. Sie sind entstanden, um zu bleiben, denn sie haben etwas von Mineralien, von der Gewohnheit und vom Wunder. Sie haben etwas von dem schweigenden Trommelwirbel des

Tods am Tag, an dem wir sterben. Aber unterdessen schauen sie uns mit Glotzaugen an und bitten uns.

Dieser unverzichtbare schlechte Dichter, der bis zu einem Satz aufsteigt oder ein Wort beiträgt, ist auch ein Mensch, der sich in einem einzigen Buch eingerichtet hat, das er für alle Tage nimmt, der, ohne ein Leser zu sein, wenn er sich zu lesen gezwungen sieht, auf dieses einzige Buch zugehen muß, das ihn erwartet, das sich zu einem schweigenden Ungeheuer aufrichtet und die Brotkrumen einer ihm gehörigen Muße erwartet. Er geht aus diesen Häusern ohne Buch hervor, aus diesen Quartieren, die von Papageien, alten Klavieren und Schonbezügen mit unerklärlichen Buchstaben überquellen, wo plötzlich Billigausgaben Quevedos erscheinen, zur Hälfte barscher Witz und die andere Hälfte für die Träume; ein Espronceda für den Selbstmörder und den Anarchisten, den Bitteren, den Rücksichtslosen, der sich aus der Unbedeutendheit des Alltags zurückzieht mit einem Schacht für die Bosheit, die sich anhäuft; ein Bécquer, der den Schmetterling und anderen Kitsch, die Fenster mit gedüngten Blumentöpfen produziert. Wir kennen jemanden, der fast Analphabet ist. Überrascht, daß er ein Buch hatte, haben wir ihn näher kennenzulernen gesucht. Er las schwerfällig und fast Silbe für Silbe, aber was las er? *Der Weg des Pilgers* von Bunyan in einer Zeitungsausgabe ohne Angabe des Übersetzers. Der Weg dieses Buchs bis zu dem Analphabeten zeigte keine verwickelten Abschnitte. Er hatte es von einer ebenfalls fast analphabetischen spiritistischen Schwägerin geerbt. *Der Weg des Pilgers* von Bunyan, dichtgedrängt aneinandergelehnt in einer Bibliothek mit dreitausend Buchrücken, kann langweilen und schrullige Launen rechtfertigen. Bunyan hatte den weitschweifigen Geist gepflegt, nicht den Spiritismus, aber da er religiöse Sekten gegründet, Verfolgungen gepflegt hatte, wies man ihm diesen dunstigen Bereich an. Die spiritistische Schwägerin, deren Tod erst das Geschenk des einzigen

Buchs möglich gemacht hatte, war zu dem eigenwilligen Satz gelangt, der Spiritismus sei das Wesen der Religionen. Aber die Schlußfolgerungen liegen auf der Hand, das Werk Bunyans in einer Bibliothek scheitert, es verflicht sich in einer kulturellen Ordnung, wo es sich auflöst. Sein Einziges in den Händen eines Lesers, der ohne Verbesserungen Silbe für Silbe liest, steigt auf bis zum inständigen Satz. Ein Idiot kann einen genialen Tag haben und guten Tag sagen. Aber an diesem Tag ist er vertrauensvoll schrecklich.

Je mehr die Satire aus dem einzigen Buch entspringt, angetrieben vom Mann aus dem Volk, desto eher trifft sie ins Schwarze. Je anonymer, desto stechender ist sie und macht den angegriffenen Menschen sichtbar. Der Anonyme gibt ihr die Blindheit des Angriffs. Deshalb verliert Quevedo, der mit dem Santiago-Kreuz auf seiner breiten Brust unterzeichnet, sich im Gefängnis. Und Villamediana, dem man um so mehr zuschreibt, je schärfer sein Witz wird, vermutet man in allen Ecken, nach dem Armbrustschuß, der ihn kaltgemacht hat. Der elende Mann von der Straße, der kein Kreuz zum Unterzeichnen hat und der auch nicht als geistvoll und witzig gilt, kommt auf die Panzerung und fällt nieder wie keuchend. Aber der reißende Collot d'Herbois, auch wenn er seine Spitze aus dem Schatten anbringt, bewirkt nur das nutzlose Blutbad, wobei er selbst die erste gefangene Ratte ist.

Die zu diesen Satiren des mexikanischen Vizekönigtums passende Sprache ist die der Brotkrumen einer anderen Art größeren Gelages. Als Dezime sucht sie die Unterstützung des schrillen Kreischens, als verlangte sie den Gitarristen. Das ist der Priester, der den Bischof angreift, um seine Exzellenz zu verblüffen:

Mit Schlangenkrallen
und Kaimanklauen
griff der gewaltige Rabauke

die Unbefleckte Empfängnis an.
Doch es zerbrach das grobe
Maß des Tanzschuhs
einer Frau dem Fleischerhund
den kahlen Schädel. Welch guter
Keulenschlag gegen die Schläfe
der Ohrenmützenform.

Der Bischof übergibt das Heftchen der mexikanischen Inquisition des 18. Jahrhunderts. Angst breitet sich aus, und das Priesterchen ergibt sich. Seine ängstliche Rechtfertigung besteht darin, zu sagen, er habe es als eine Posse beabsichtigt. Aber auch das ist schwierig, denn die derben Possen gibt es nur bei Rabelais als Teil einer Sprache, die durch die Späße auf den Bahnen gräko-lateinischer Philologie erweitert wird, und mit Sakristeilatein und schlechter Wut kann der hinterlistige Spitzel sich nicht rechtfertigen. Es ist die düstere und schlimme Kehrseite der Größe, und zu der Zeit, als Fray Servando vom Gefängnis zur Flucht, von der Verschwörung zum Fieber übergeht, lebt das andere Priesterchen, das im Keller die Lippen aufwirft und angreift. Wenn all das sich einschleichen kann wie die dämonische Kleinigkeit, die eine Tatsache schafft, insofern diese sich bekundet, als ob diese selbe Tatsache sie enthüllte und bewirkte, daß auf ihren Lockruf der weiße Frosch herauskommt, dann bleiben sie dort ungebraucht und weggeworfen. Dann ziehen die wenigen Fray Servandos, tot oder lebendig für die Agonie, sich die Unsterblichkeit großer Wasserstiefel an, die im Immer widerhallen.

Bisweilen kann es sich zeigen, daß sich innerhalb der wenigen feudalen Familien, wie etwa bei den Montagues und den Capulets der komischen Operette, verfeindete Gruppierungen bilden. In Übereinstimmung mit der Partei, die der Erzbischof oder der Vizekönig ergreifen, kommt es so zum Gift des schnellen Degenstichs. Aber dort beginnt der

Klerus, sich den Vizekönigen in Form örtlicher Klagen und Rivalitäten im Amt entgegenzusetzen. Diese Untergrundsatire mit boshafter Wurzel im spanischen Schelmenroman erfährt auf amerikanischem Boden eine Verwandlung, denn es fügt sich ihr das Volkstümliche, das die Unabhängigkeit begünstigt, und die Stimme hinzu, welche die zutiefst eigene Sprache zurückgewinnt.

Nicht immer fällt dieses Salz auf die Mächtigen mit bestätigter Befehlsgewalt und ihre Titel zurück, sondern manchmal kommt es zu einer reinen Tat, mit Moritaten-Herkunft, zum Ereignis, das sich erhebt und blind den Gesang anstimmt. Es ist das Wort, das sich bereits von der Musik beraten läßt, um durchdringend zu werden. Es ist nicht die Satire auf die Vizekönige, die niemals genügend Kraft bekommt, eigenständig vor Anker zu gehen, sondern die Begegnung, in der die Dichtung und die Musik einen konzentrischen Gemeinbesitz bewirken, ein *sympathos* fordern, durch die Tatsache, daß sie auf den Platz gegangen ist, daß sie hinausgegangen ist auf der Suche nach allen. Der Sohn des Pik-As, gemein und hart von Berufs wegen, der in seinem Grund ein furchtsames Großmaul ist, wird weich, wenn man ihm mit der Gitarre und mit der wortreichen Sehnsucht kommt.

Diese Musikbegleitung zum Text des Anonymen ergibt sich im mexikanischen Corrido. Auf der Suche nach leichtem Einsatz und umgeben vom Achtsilber, wie die spanische Romanze, geht er doch auf ganz anderes aus. Die Romanze bezieht sich auf das große karolingische oder mozarabische Geschichtsereignis, auf die Mühsal, die durch die herausragende Rolle dessen, der sie auf sich nimmt, alle zwingt, daran teilzuhaben. Aber der Corrido kann sich für Ereignisse geringerer Bedeutung einsetzen, eine lokale Sache, den Schatten einer Exekution, seine Hauptnahrung jedoch sind die melodramatische Moritat und die Provinztränen des Telesphoros um Eirene. Im Fließen des Corrido zeigt sich bereits die Sehnsucht, die in Argentinien die Fülle ihrer eindringlichen Sanftheit erlangt. »Als sie voll und ganz zufrieden war, starb Rosita Alvírez.« Eine Sehnsucht, die bis zur zerstörerischen Wut gehen kann: »Zur Erinnerung an mich / laß ich dir diesen Messerstich«, wo sie sich zu versichern versucht wie eine Tätowierung im Tod. Unbestreitbar unterliegt der Corrido einer großen Prüfung, die darin besteht, das Singen in der Volkssprache zu sichern, nachdem die Romanze zu fließen aufgehört hatte. Ohne die leichte Gewichtigkeit der spanischen Romanze zu haben, fordert der Corrido eine Sprache für den Gesang; in derselben Richtung, wenn auch in geringerem Maß, rollt er die Worte in der Musik, damit sie nicht übertrieben zur Sterblichkeit der Verdichtung neigen.

Der Corrido hat seinen Ort zwischen dem Verlauf der Romanze und dem Nachdruck des Volkslieds. Er entsteht geradezu aus der vierzeiligen Strophe des Volkslieds, das schwächer wird, und sucht Unterstützung in den Verkettungen der Romanze. Da er entstanden ist, um erzählt zu werden, erlangt er nicht den Nachdruck des Volkslieds, das für einen Augenblick von Raserei oder von Schluchzen ergriffen ist. Hier treffen wir nicht auf die blitzartige und ärmlich verkakerlakte Satire, die aus dem Wohnloch des düsteren Manns aus dem Volk kommt. Es ist wie ein Aufstieg zur vollen Stimme, zum Wissen, zum Weitermachen und zum Fortpflanzen. Seine Entstehung ist sehr weit entfernt von der antispanischen Rebellion, er kommt im Gegenteil aus der Rebellion angesichts neuer Übel. Während er sich mit einer Frische ausschüttet, die sein Gesicht leuchten läßt, lebt er, aber wenn er politische Begleitung sucht, erschöpft er sich, und, einigen Literaturwissenschaftlern zufolge, nach 1930, in den Händen von Intellektuellen, die ihn veredeln, und von Hausierern, die ihn für ihre Zwecke benutzen, tritt er in seine endgültige Schlußphase. Zum Teil entfernt er sich vom Hispanischen, denn obwohl er sich anscheinend der Romanze annähert, hat er eine sehr amerikanische Art, mit Freude zu kämpfen, wortreich und mit sprachlichem Luxus zu reden, auch wenn man ihn nicht versteht. Hier, im Corrido, erhebt sich der Mann aus dem Wohnloch mit seinem einzigen Buch, der auf das schattige Pfeifen und das Gift verfallen war, mit dem Gesang zur Freude und zur Verkündigung und dazu, die Milde eines bißchen Mitleids zu wecken.

Seine Wurzel ist die Sehnsucht, das Diminutiv und die flehentliche Bitte. Im Corrido auf den Tod Emiliano Zapatas heißt es:

> Lauf, Kaninchen, lauf,
> erzähl es deinen Brüderchen.

Und in einem anderen Corrido:

> Meine Liebe ist wie das Kaninchen,
> mit feinen Sinnen wie der Hirsch.

Da sehen wir erneut das Kaninchen, das wir schon im *Popol Vuh* gesehen haben, an der Seite des Kolibris mit seiner Schläue im Nebel mit kurzem Schwanz entkommen.

Im Argentinier hat die Sehnsucht etwas von der Mütterlichkeit des Ombúbaums. Da der Ombú nicht wandern will in der Wüste, ist er das Haus der Wüste, der Ort, wo die Nacht herniederfällt und die Sterne. Er ist wie ein sanfter Schutz vor der Größe. Er ist dieser Satz von Ricardo Güiraldes: »Ich fühlte, wie die Einsamkeit mir am Rücken entlanglief wie ein Wasserbächlein.« Die anziehende Anmut des Satzes wurzelt in der blitzenden Gegenüberstellung und Verschweißung von Einsamkeit und dem, was am Rückgrat entlangläuft, mit der reichen Wesentlichkeit des Marks und dem reizenden Diminutiv Wasserbächlein. Durch die Verschmelzung zu einem Moment der Anmut schillert die

Kraft des Satzes sanft, ohne ihren wuchtigen Schlag zu verlieren.

Mit Freude genießen wir die Ablösung und Befreiung des Corridos im Verhältnis zur Romanze. Und dieselbe Freude auch, als die Graphik auftaucht, zu einer Zeit, da der Corrido die höchste Pracht seiner Kehle erlangt. Aus den Träumen, aus der Hölle Quevedos, aus seinen Vermählungen adverbialer Modi tauchen die Dämonen, Ungeheuer und Fledermäuse Goyas auf. Im Traum vom Tod läßt Quevedo ein Karussell von armen Leuten vorbeiziehen, aber er lehnt den höherzielenden Spott ab, den Amerika brauchte; so etwa, wenn in der Hölle jemand nach Philipp III. fragt, antwortet man ihm: »Er war ein heiligmäßiger König von unvergleichlicher Tugend, wie ich in den Sternen vorhergesagt gefunden habe.« Und zwischen den Schatten hört man: »Philipp IV. herrscht seit zwei Tagen«, und den Kommentar: »Es hat schon Dreiviertel geschlagen zu der Stunde, auf die ich gewartet habe.« Dann geht unter seinen Schüssen Chisgaravís verloren, der aus dem Mittelalter kommt und der in der mexikanischen Koloniesatire wieder auftaucht, so daß Quevedo feststellt, davon gebe es zweihunderttausend in Paris. Aber in dieser Statistik geht ihm bei aller zerstörenden Kraft nicht die höhere Ehrfurcht verloren. Die Fauna, die Quevedo in der Hölle ansiedelt, die Chisgaravís, die Pero Grullos, die Don Diegos der Nacht, interessiert uns heute nicht mehr, denn in unseren Vizekönigtümern mußte man die hochmütigen Eminenzen in die Tiefen befördern und nicht Gecken, die bei einem großen Wortgelage geteert wurden.

Der Corrido erzeugt eine Art retrospektive Freude über die Jácara-Romanzen Quevedos. Wenn wir nach dem kenntnisreichen Eifer, dem Gesang, der im Leben und im Tod angestimmt wird, erneut zur offensichtlich aschgrauen Jácara Quevedos zurückkehren, scheint es, als werde sie wieder farbig, als wüchsen ihre Knochen zusammen und als setzte sie neues Fleisch an. Für einen Spanier, einen Leser des goldenen Zeitalters, kann die Lektüre der Chronisten der Neuen Welt die von zweitrangigen Prosaschriftstellern sein, die eine primitive Geschicklichkeit oder Anmut bieten. Aber der Amerikaner findet in diesen Chronisten seine ersten Prosaschriftsteller, die Männer, die sprechen, weil die Landschaft es ihnen befiehlt. Auf die gleiche Weise geht die Jácara Quevedos vom Nebel zum Eis über, weil ihr der volksmäßige Tonfall fehlt, das Volksliedhafte, die Gitarre, die Sehnsucht, aber wenn wir geschmückt mit diesen amerikanischen Herrlichkeiten zu den Jácaras zurückkehren, verleihen wir ihnen ein Leben, das durch unsere Landschaft erhöht ist. Quevedo scheint mit einem halben Ohr über dem Auge geschaffen zu sein. Seine Sinne zeigen diese düsteren Pausen, die durch die Zeit bewirkt werden, in der ein Sinn untertaucht, bis er seine Ergänzung findet. Deshalb mußten Don Luis de Góngora und Quevedo sich amerikanisieren, um in der Landschaft zu kreisen, um Einfluß auf neues Knochenmark zu bekommen, geschliffen und emporgehoben, poliert von einem neuen Wasser.

Die Waffen auf einem Stich Goyas waren Zeichen einer Theologie, in welcher der Sündenfall immer von einigen Hieben mit einem sulphurischen Besen begleitet zu sein scheint. Um diese zerfallende, tragikomische Welt zu bekämpfen, verwendet Goya, außer seinem Genie, durch das er stets obenauf ist, die Lichter der Aufklärung. Der mexikanische Graveur, der seinen Corrido stets begleitet, hat keine theologische Welt, sondern den Verweis auf die Umstände. Wenn dieser Graveur mit Paul Valéry sagte, die Begebenheiten interessieren mich nicht, wäre er verloren. Ausgehend vom Ereignis, das mal politisch ist, mal den Chroniken der Bluttaten entstammt, verwandelt er sich in José Guadalupe Posada, in ein unermeßliches lächelndes Gerippe. Im Mittelalter bedrückt die Angst vor dem Aas und läßt keine Ruhe. Um die mittelalterliche Welt in ihrer

Krise der äußeren Werte aufzufangen, machten die Jesuiten die letzten Dinge zum Hauptthema ihrer Übungen. Die Reaktion der Aufklärung mit ihrem Liberalismus und ihrem unbegrenzten Fortschritt fand in einer Welt statt, die von dem Körper abhing, dem sie sich entgegensetzte. In Amerika wurde die Reaktion auf die letzten Dinge und das Aas schwächer, denn eine neue Landschaft forderte neue Angebote, verscheuchte eine Haltung, deren Mitte der Tod war. Deshalb schafft der Graveur José Guadalupe Posada das lächelnde Gerippe, die Verwandlung des Aufruhrs, der Tat in ein Gerippe, das lächelt. Wir haben in mexikanischen Süßwarenläden Zuckergußfiguren gesehen, die Totenschädel waren. Und um sich die Meringe in Gestalt eines Totenschädels einzuverleiben, braucht man selbstverständlich einen unermeßlichen Willen zu lächeln.

Der mexikanische Graveur findet sich an der Wurzel unserer Ausdruckskraft; er ging so sehr aus der Anonymität hervor, daß José Guadalupe Posada mehr der Tatsache einer Volksbewegung verdankt als der Befreiung seines Ich. Deshalb sagt Diego Rivera mit Worten, die ständig wiederholt werden müßten: »Posada war so groß, daß man vielleicht eines Tages seinen Namen vergessen wird; und er ist so sehr Bestandteil der mexikanischen Seele, daß er vielleicht vollkommen in der Allgemeinheit aufgeht; heute geht sein Werk und sein Leben über in das Blut der jungen amerikanischen Künstler, ohne daß irgend jemand von ihnen es wüßte.« Der Tequilaverkäufer, die Zeitungsjungen, die Jarabe-Tänzer, Huerta und Zapata, die Liebenden, Doña Tomasa und Simón, der Wasserträger, die Gecken, sie alle ziehen vorüber wie unerschütterliche Gerippe, die ihr Alltagslächeln nicht vergessen haben. Seine Illustrationen aus der hohen Zeit des Corrido entsprechen den Ereignissen, die sie hervorbringen, auf geradezu geniale Weise. Bisweilen haben mich seine Stiche an Illustrationen in manchen Büchern von Raymond Roussel, vor allem in *Der Selbstmörder*, erinnert. Sein

Realismus, falls dieses Wort überhaupt der treffende Ausdruck sein sollte, ist wie der unveränderliche Punkt, den eine zutiefst unterirdische, notwendige und verhängnisvolle Wurzelform erlangt hat.

Die mexikanische Satire der Vizekönige befreit sich nur schlecht vom Aschgrau Quevedos, und als sich später der Gesang der Corridos erhob, stand er noch allzu sehr unter dem Druck der Jácaras und der Gerippe Posadas. Aber die Freude des wahrhaft neuen Ausdrucks hat etwas von einem südlichen Morgen. Die Menschen aus der Stadt, die auf eine Estanzia kommen, hören den Mann der Ebene und das Singen. Sie haben sich die Wörter, die sie brauchten, erfunden, »facón« für ein spitzes, feststehendes Messer, und »redomón« für das nach ihren Bedürfnissen zugerittene Fohlen. Sie gehen von der Aussprache aus, von der Atemluft, die in jedem Land auf seine Weise ein- und ausgeatmet wird; sie gehen von der Aussprache aus, nicht von der Schreibung, und die Sprache klingt noch einmal klassisch in dieser überfallartigen Wortnahme.

Zu der Zeit, als der wilde Monteverde in Caracas die Separatisten ermordet, fangen sie im Landstrich von Argentinien und Uruguay mit Sehnsucht und Liebe zur Heimat zu kämpfen an und handhaben den Akzent als Schlüssel, der die Erschießungswand durchdringt. Die Heerscharen Ferdinands VII. marschieren in Städte ein und verlassen sie wieder, verfolgt von den uruguayischen Cielito-Volksliedern Bartolomé Hidalgos. Cielito, Cielito, aber ja, und dann eine Züchtigung, ein Verweis auf die Bosheit, die man begeht. Im jubelnden Gedenken bringt das Cielito-Lied näher durch die anhängliche Zärtlichkeit für das Geschilderte, oder wenn der Estanziero sich in die Wunder der Stadt versenkt, erzählt es auch voller Sanftheit, um die Bestürzung zu vermeiden, die trennt.

Als erstes verweisen wir bei diesen Gaucho-Gedichten auf ihre Notwendigkeit; sie entstehen in engem Zusammenhang mit Ereignissen des Innenlebens. All das bildet ihr unumgänglich Klassisches, ihren männlichen Ton, der, weit entfernt, sie auszusondern und abzutrennen, sie allem rauh, argwöhnisch und verhängnisvoll Hervorgebrachten angleicht. Wenn wir den Gaucho halb eingehüllt in seinen Poncho sehen, den Arm schwenkend zu einer Abwehrparade, sieht der Kommentator sich sofort genötigt anzumerken: schon bei den Römern gab es, was wir ein Mantel-und-Degen-Gefecht nennen. Bei Julius Cäsar steht: sie wickeln den Umhang um den linken Arm und ziehen das Schwert. Kraftvolles Entstehen der klassischen Literatur, das heißt, einer mächtigen und verbürgten Art, einer Notwendigkeit, die ihre Form schafft, einer Freiheit, die ledig aller literarischen Vorsichts- und Schutzmaßnahmen entsteht.

Zuerst kommt der natürliche Mann, der die Sprache mit entschiedenem Ton gebraucht und sich mit unüberwindlichem Jubel rempelnd ausbreitet. Es ist das Vergnügen, ins Wasser zu springen, sich mit volltönender Entschiedenheit an den Tisch zu setzen:

> Erinnern Sie sich an den Wirbel,
> den wir um Andújar hatten,
> als der General Belgrano
> seine Peitschchen knällen ließ,
> in Salta auf die Spanier?

Hier nährt sich die Sprache aus ihrer Freude, nicht aus der humanistischen Tradition, die ihr zu einem Zeitpunkt kommt, als sie funkeln muß. Ihre Funde dienen der Vermehrung, die eine Ausbreitung und einen Tanzwirbel mitträgt. Als Diminutiv, was sie hübsch zusammenzieht, ließ er die Peitschchen knallen. Ohne die Not, zu Ausschweifungen greifen zu müssen, läßt die Schilderung selbst die Sprache entstehen, so wie jemand eine Situation bändigt und sie bereits festigt:

Sie aßen voller Ruhe
und nach dem Mittagsschlaf
sattelten sie ziemlich locker
und ritten auf den Pferderücken
zum Rancho von Andrés Bordón,
dem Kahlen Indianer.

Das Kostbarste an der Sprache ist das günstige Geschick ihres Gebrauchs, beim Handwerker, beim Fischer oder hier beim Estanziero. Man sieht jedes Wort in der harten Arbeitshand. Jedes Wort ist in seinem Akzent geschmeckt worden und dann, um seine Bedeutung auszugeben, von der Hand geknetet worden.

Cielito, sag ich, jawohl,
sie wollten nicht vor Hunger sterben.
Und ich find, sie haben Recht,
denn das wäre doch sehr furchtbar.
Und da er sich verloren glaubte,
spazierte er am Strand entlang,
wo Cochkrane mit 'ner Kugel
die Languste tötete.
Cielito, sag ich, jawohl,
der Arme floh am Ende,
und Callao mit seinen Kanaillen
ergab sich San Martín.
Nur der General Ramírez
blieb und Olañeta auch,
aber bald schon, will mir scheinen,
bringen sie das Geld.

Wenn wir bei dem Ausdruck »wo Cochkrane mit 'ner Kugel / die Languste tötete« einhalten, müssen wir in Betracht ziehen, daß er mehr als aus der zerebralen Vorstellung, der Angleichung zwischen Gegenstand und Vorstellung durch das Wort, aus dem raschen Fang hervorzusteigen scheint, den das Markbewußtsein mit sich bringt. Er besteht in dem dunklen, beweglichen Bedeutungsbündel, das den Tatvorgang bildet und das sich wie in einer unaufhaltsamen Vielfalt von Strahlungen öffnet und ein Wort auf ihn abwirft, das nicht durch die Gewohnheit angemessen ist, sondern ein anderes, das den Satz erneut zur verbalen Anmut emporhob.

In diesen Fernen zwischen Erde und Wort, zwischen den Ruhepunkten des Ombúbaums und dem Schmeicheln der Sehnsucht entsteht der Herr Estanziero, der dem entwurzelten Romantiker folgt, und zwar mit gänzlich entgegengesetzten Lebenszeichen, wenn er auch in gleicher Weise vollkommen in der Lebenseinrichtung sich an die Landschaft erinnert, die der barocke Herr genossen hat. Sein Genuß liegt nicht in der Lust an Leckerbissen der Intelligenz oder des Geschmacks, sondern in der Bändigung. In der Ausbildung dieser Art von Herrsein durch die Wechselfälle im Leben dessen, der auf dem Weg ist, ein Estanziero zu werden, oder dessen, der es bereits ist und der stürzt. Er kann nicht so wie der barocke Herr genießen, weil sich mit dem Separatismus eine Leere gebildet hat, eine Leere, die er wieder füllen und damit eine Herrschaft über Wort und Erde begründen muß. Die gefährliche Ferne, der er sich gegenüberstellt, im häuslichen Schutz der Kuppel des Ombúwipfels, läßt seine Hand hart werden für die Bändigung und die Neuheit seiner Wortgruppe.

Der Schuppen, der große Saal des barocken Herrn, erscheint von neuem beim Estanziero, aber nur wie ein Augenblick, der das Zusammentreffen bewirkt und die rasche Flucht:

> Ich wollte sie ein Weilchen sehen
> und begab mich in die Menge,
> und sie schubsten mich so sehr,

daß ich mich in einem Schuppen fand,
der strahlend hell erleuchtet war,
mit Häuschen ganz aus Holz gemacht
und in der Mitte viele Bänke.

Er erscheint wie das Haus der Magie und der Überraschung, wo der Estanziero für die Ausnahme plötzlicher Ferien vorstellig wird und das er wieder verläßt, um Bericht zu erstatten, wo die Überraschung und der Vorfall ohne Aufschub sprießen. Auf der Suche nach dem Volksfest findet er in der Stadt den großen Saal, der ihn blendet und dann erneut in seinem Alltagsleben einrichtet, aber wie jemand, der die Erzählung der Sagen gehört hat und inmitten der Wunder die Ruhe bewahrt. Er genießt den Schuppen, den großen Saal nicht als Ausdehnung der Wollust, sondern als Aufklärung eines milden Albtraums. Der Saal ist bisweilen der des Teatro Colón in Buenos Aires; dorthin kommt der Gaucho, um sich gegenüber Gounods *Faust* niederzulassen. Wenn er zur Estanzia zurückkehrt, erzählt er wie von Zauberwerk. »Es ist schon gut, im Sattel zu sitzen«, antwortet ihm dann der andere Gaucho, um ihn von neuem in den Morgen der Estanzia einzuführen.

Die ersten Freudenausbrüche dieses singenden Gauchos werden bei den Unabhängigkeitsfeiern öffentlich. Die Einsamkeit der Ferne, auf die er sich einläßt, hatte ihn vom Hispanischen getrennt, auch wenn er sich ihm durch die gerunzelte Stirn und die harte Hand angleicht. Als er mit dem Cielito gegen Ferdinand VII. agiert, tut er das mit amerikanischem Spott. Nachdem die Unabhängigkeit erreicht ist, verringert sich diese Reaktion auf das Spanische, denn man überzeugt sich, daß man zum selben Ausgangspunkt gehen muß, an den äußersten Punkt der Grenze, um gegen die bösartigen Indianerüberfälle zu kämpfen. Dieselben, die sich von der Fremdbestimmung befreit hatten, schicken ihn wehrlos und elend an diesen äußersten Punkt der Erde.

Verfolgt in beiden Fällen, nimmt er Zuflucht zu den beständigen Proben des Gesangs. Mehr Gitarren als Worte, scheint er zu sagen, und erneut kommt ihm die Freude der Sprache, die aus den Wurzeln wiedergeboren wird, die den Romanzero möglich machten. Bis auf wenige Ausnahmen verfiel die Sprache im Spanien des 19. Jahrhunderts mit einer schläfrig liegenden Prosa und künstlich nachhallenden Hirtenversen, aber mit diesen Gauchogedichten kehrte die Sprache zur wahrhaften Morgenfrühe der Johannisnacht des Romanzero[57] zurück und setzte einen Anfang durch die Verpflichtung zu neuer Sprache, gestaltet durch die Ferne und ihre Menschen.

Martín Fierro[58] besteht darauf, jede Beziehung mit dem Schuppen der Stadt zu brechen. Zerrissen von den üblen Ereignissen der Estanzia, vergeht er dort an der äußersten Grenzlinie, verfolgt, verwundet, gefangen, verhängnisvoll verwildert als Raufbold. Die Atmosphäre in Buenos Aires an einem 25. Mai entlockt ihm keine festliche Stimmung. Seine charakteristischen Eigenschaften: Wildheit und Trägheit. Dieser martinfierristische Gaucho kennt keinen Eroberungsdrang, sondern freudige Ausweitung: »Für mich ist die Erde klein / und sie könnte besser sein«.[59] Seine kraftvolle Ahnenreihe steht über der Liebe, denn er geht vom Paar und von den Kindern aus, als bereits seit frühester Jugend mit Festigkeit und Leichtigkeit beschlossener Tatsache. »Ehemann und Vater war ich, / pflichtbewußt und zuverlässig«.[60] Genauso wie in ihm jede Art von Romantik überwunden scheint, denn da er alle Tage in Angst lebt, härtet er sich gegen Kummer und Schmerz ab. »Niemand rede mir von Schmerzen, / denn von Schmerzen lebe ich«.[61] Romantik eines charakterfesten Manns, denn der Hunger, die Liebe, das Leid sind in ihm bereits wie angehäuft, wenn er in die große Ferne eintritt, seine alltägliche Unterkunft.

In diesem Gaucho scheinen der nutzlose Luxus und das

umherirrende Wehen miteinander zu kämpfen. Mit vollem Wanst sind Liebesfreuden schöner, sagt Martín Fierro.[62] Die fraulich gerundete Korbflasche[63] und der Lärm um das Weibervolk[64] ziehen durch seine Strophen. In *Martín Fierro* blähen sich diese Aggressionen auf und geben ihm mehr Männlichkeit, wenn das umherirrende Wehen aufkommt, die Verstreuung, die ihm die Obrigkeit auferlegt, und die ihn erneut zwingt, sich in das offene Feld seiner Landschaft zu begeben, wo es keine Feste mehr gibt, sondern Kampf mit dem Geist des Bösen, mit den bösartigen Indianern, die ihn schon mit einem Lanzenstich in die Seite verwundet haben.[65]

An dieser äußersten Grenze kämpft er gegen den Geist des Bösen, gegen die bösartigen Überfälle der Indianer. Er ist wehrlos gegenüber der Obrigkeit und den Angriffen des Bösen. In einer reizenden Strophe spielt er darauf an, daß ihm sämtliche Verteidigungsmittel fehlen:

> Und abgebrannt erzählte mir
> ein Offizier, sie hätten sie;
> doch daß sie sie verkauften
> für die Jagd auf Vogelstrauße;
> so ritten sie bei Tag und Nacht:
> und immer drauf auf den Nandú.[66]

So wird sein bitterer Tonfall, der eines Verfolgten, bisweilen von einem Hauch Filmkomödie kontrastiert, von rasch wechselnden Situationen, die sich gegen den Kommentar durchsetzen. Die amerikanische Heldentat in der Sprache ist in diesem 19. Jahrhundert vollbracht worden. Die spanischen Wörter, die in diesem Jahrhundert in grauen Flaum zerfasert sind, fühlen in Amerika erneut den spitzen Flötenton des Romanzero, mit der ganzen Neuheit eines Wortjahrmarkts im Schutz der sehnsuchtsvollen Nacht des Ombúbaums.

In dieser vom Gaucho beherrschten Ferne müssen wir auf das gleichartige Ausmaß der Abwesenheit bei José Martí hinweisen. Wir wollen hier nicht sein Werk untersuchen, sondern nur seinen Namen nennen. Da wir auf den barokken Herrn und den Herrn Estanziero hingewiesen haben, müssen wir auch bei diesem Herrn Gesandten der Abwesenheit und der unerbittlichen Gesetze der Einbildungskraft innehalten. In der Abwesenheit ist durch das Fieber des abgegrenzten Raums alles im Entstehen begriffen und scheint in jedem seiner Akzente auf uns zuzukommen. Bisweilen erinnert sein *Tagebuch* in der spröden Trockenheit seines Vorwärtsschreitens an das Bordbuch des Kolumbus. Nur daß im Bordbuch die Dinge einen neuen Anstrich erhalten und im *Tagebuch,* wie am Eingang zur unterirdischen Kammer der Ägypter, die Worte so sicher sind wie die Dinge, die wir mitnehmen, um mit dem finsteren Kammerherrn zu sprechen. Und auch wenn er dem Tod sehr nahe ist, vermehrt sich dem, der ganz bei sich ist, die Farbe, wie die Safranplätzchen, die den ägyptischen Toten mitgegeben wurden. Er ist jedoch auch kein mykenischer Mann, denn die Abwesenheit, von der aus er sieht, läßt ihn gesehen werden; er schreitet voran, stets wieder aufgebaut in dem Wirbel, der ein Geist ist, vielleicht in dem, was er das Gesetz des Spiegels nannte. Wie wir gesehen haben, erhielt in diesem Jahrhundert einer neuen, im Biwak des Gauchos erweiterten Gangart des Romanzero die im Grauen gefrorene Wörtermasse mit ihm einen Lanzenstoß, der sie erneut auf dem Fluß zum Strömen brachte. Er berührte auch die große und unterirdische Tradition und belebte sie, denn in seiner Abwesenheit, die als Gesetz und Richtschnur gilt, trifft er sich mit der Sanftheit von Antonio Pérez, der weiß, daß er unrettbar sterben muß in der Ferne an der Seine. So wie man Racine und Boileau in bestimmten Herbergen antraf, begegnet man ihm in den Raststätten unterwegs, denn die Einflüsse sind bei ihm Kennzeichen seines Lebens, zusammen mit den barocken Predigern und dem geblasenen Glas des Calderonschen Fronleichnamsspiels. Aus eben diesem Gesetz der Abwesenheit sind seine Einflüsse Gespräche, durch die er sich entwickelte; er redet mit Gracián über die Unannehmlichkeiten, die ihm der Domherr Salinas bereitet, der Neffe seines geliebten Lastanosa, der ihm stets schlechte Sonette zur Überarbeitung bringt; und mit Paravicino, der fast ohnmächtig zum Predigen in eine neue Stadt kommt. Aber wenn wir ihm den Gipfel des kreolischen Ausdrucks zuweisen, sehen wir, daß er bereits hier seine notwendigen Dinge hatte, die Forderungen einer Tradition, die gleichzeitig seine alltägliche Bildwelt der Arbeit war. Mit dem anonymen Graveur, mit dieser Holzschneiderei, wo am Ende der Handwerker einen Mangel der Maschine mit Karton ausgleichen muß, muß er die Freundschaft mit dem alten Drucker unterhalten, der so viel braucht und so viel gibt. Der Corrido bringt ihm mit seinen Gestaltungen und Spiralen zwischen Volkslied und Romanze die Sehnsucht nach den einfachen Versen. Die Abwesenheit bringt ihm wie ein Geschenk das große Maß, und er ist einer von denen, die uns daran erinnern, daß *kolossos* im Griechischen mehr als das Riesenhafte die Gestalt und Bildsäule bedeutet, und er ist natürlicherweise das gestaltende und darstellende Wesen, derjenige, der sichtbar macht. In Mexiko muß er den in den Spottschriften wiedererschienenen Quevedo genossen haben. Wenn wir ihn betrachten, wie er sich dem Drukker nähert, um über die Justierung des Drucks zu verhandeln, in einem Café auf dem Paseo de la Reforma, wo sich der Klang einer ärmlichen Gitarre erhebt, was nur Bruchstücke von ihm sind, stellen wir ihn wieder her und lieben ihn. Wenn wir ihm in seinen Rucksack, ein weiteres seiner Bruchstücke, einen Kompaß und einen Cicerotext geben, finden wir den Ausgangspunkt seiner Arbeit und die Vorsichtsmaßnahmen gegen einen Hinterhalt, die er mit unsichtbaren Beschwörungszeichen trifft. Nun sehen wir den

Estanziero, der eine seiner großen Chroniken in der Zeitung »La Nación« aus Buenos Aires liest; wenn er die Lektüre unterbricht, voll Zärtlichkeit gegenüber dem Wagemut der Worte, wie der Gaucho, der sich in Angriff und Verschwendung verausgabt, sieht er von neuem im Gesetz der Ferne den Ombúbaum in seiner Größe, das Haus der Wüste, wohin Martí gelangt, kurz bevor er stirbt; aber hier will ich mein Schlußwort sprechen, statt eines Berichts, mit Zittern.

Kritischer Aufriß des Amerikaners

Als um 1920 die sogenannten Reservisten in die französische Literatur einbrachen, grassierte der Originalitätsbegriff explosionsartig und breitete sich aus wie der Morgenruf des Hahns. »Das ist etwas anderes« war ein Urteil, das in der Gunst ganz oben lag und als schmeichelndes Lob galt und übereinstimmende Blicke voller Sympathie bewirkte. *Faire autre chose, faire le contraire,* das war die geforderte Devise der aufkommenden neuen Generationen, die mit einem königlichen Zeichen an der linken Brustwarze geboren wurden, wie die alten georgischen Könige.[67] Ein Picasso, ein Strawinsky, ein Joyce wurden im Schatten des *esprit nouveau* beurteilt, nach Maßgabe ihrer Originalität.[68] Ihr Bruch bedeutete so viel mehr als ihre Schuld gegenüber ihrer Herkunft, daß ihr historisches Rückgrat sich im Amorphen und Protozellularen auflöste. Cézanne und Picasso waren zwei Könige, die ihren Eid ablegten, indem sie mit dem Rücken zueinander auf verschiedene Bäume zugingen. Man wollte vergessen, daß bei dieser rasenden Suche nach Originalität es die Erschöpfung war, die ihre Schritte antrieb, ähnlich diesen trägen Faulpelzen, die plötzlich, wenn die neue Jahreszeit anbricht, die Fenster öffnen, konvulsivisch die Arme schütteln und die Winterdecken mit langen Ruten ausklopfen, wie ein Fuhrmann auf das Zugtier einschlägt, das unbeweglich auf der Kreuzung stehenbleibt.

Picasso war »etwas anderes« als die Suche nach der Empfindung; Strawinsky war »etwas anderes« als der Drang, die Orchesterfarben zu finden. Ein Joyce war »etwas anderes« als die moralischen Satiren eines Bernard Shaw. So markierte der *esprit nouveau* mit einem Faden die Unruhe seiner Einsamkeit der Anfänge und vergaß, daß dieser Satz eine der Losungen war, die Baudelaire im Paris des französischpreußischen Kriegs in Mode brachte, als er die Wagnerschen Blechbläser, den diabolischen Infantilismus Ludwigs von Bayern und die rätselhaften Vorstellungen von Jeanne Samary begrüßte.[69]

Aber nach Ablauf von zehn Jahren verschwand dieses »etwas anderes machen« von der Bildfläche, und man fand die Linie der Kontinuität wieder, die die Generationen verband. Wir bestanden darauf, zu zeigen, daß es »dasselbe« war, was unter verschiedenen Namen und mit abgemessenen Veränderungen die Ausdrucksbahn durchlief. Hinter den Werten, die man zehn Jahre zuvor als originale geschätzt hatte, bewunderte man jetzt als historische Summen, als konzentrierten kritischen Sinn die Schlauheit, an jene Bereiche der Vergangenheit zu rühren, in denen sich die Brutstätten der Erneuerung eingenistet hatten, die aber insgesamt unausgedrückt geblieben waren und die sich ihnen nun wie ein zusätzliches Bruchstück darstellten. Picasso wollte man aus der französischen Tradition mit ihren ersten Äußerungsformen in diesem Jahrhundert, aus der Zeit des Experimentierens und der Verwandlungen herausziehen und ihn, ganz entsprechend seinem eigenen Geschmack eines zeitgenössischen Luchs, der weniger gewagten spanischen Tradition eingliedern, die langsamer voranschreitet und deshalb in ihrem Kern den Forderungen der Zeit widersetzlicher ist. (Man vergaß dabei die tückische Tradition, daß sowohl El Greco als auch Goya sich einer historischen Synthese verdanken und nicht ein einheimisches Erzeugnis sind.) Aber man ersetzte nicht nur das formalistisch Französische durch das taurin Spanische, sondern unterstrich bei Picasso begierig seine *pastiches* El Grecos und Lautrecs, seine dorische Phase, seine Ausflüge zu den diedrischen Klippen des seligen Orta, seine Beschäftigung mit katalanischen Handschriftenmalern, kurz, die Tatsache, daß er das Rüstzeug des stilistisch eleganten Historismus gewandt beherrschte. Man wollte nicht mehr, daß er neu und originell, unruhig und schnell wäre, sondern daß er von der großen Tradition der spanischen Malerei gestützt würde, von gediegenen und gewichtigen Werten, von Strukturen, von verkohlten Knochen und Felszeichnungen, inmitten der wachsenden Flut.

Bei Strawinsky ging das mit größerem Glück, denn er stand tiefer in einer leichten Wahrheit: seine tiefe Volksverbundenheit, seine sicheren Fortschritte in der Orchesterführung im Vergleich zu der Rimskis, die er sich aneignete und erweiterte, seine Entdeckung Pergolesis, des *ragtime* des *tap*, der Jazzära, kurz, all die historischen Bienen stellten ihm einen Umhang mit Emblemen aller Epochen bereit. Im Fall von Joyce waren es nicht mehr seine philologische Werkstatt, seine Wortraserei, sondern der Pater Suárez und der Pater Sánchez, die von den Jesuiten ausgewählten scholastischen Meister, die Mülltonnen der Dubliner Unterstadt, das Besteck der spezialisierten Gynäkologie, über die Rabelais' Gigantomachie hinweggegangen ist, der odysseische Entwurf. So kamen unsere Kritiker in weniger als zehn Jahren ins Schlingern, sie berichtigten sich, sie widersprachen sich selbst in einer Drehung um die eigene Achse; was man für original und ursprünglich hielt, war Erzeugnis des Stilwillens, was als Bruch erschien, war eine geheime Kontinuität. So wurde das aus deutschen Seminaren[70] stammende Thema der Generationen bereits ungebräuchlich und anachronistisch, denn die Generationen müssen von ihrer Schöpfung ausgehen, nicht von einem eigenwilligen Anti, einem Kämpfen gegen, im morgendlichen Entwurf geahnter Zukunft. Die Generationen bilden sich nicht im Willen zum Unterschied, wie es den Anschein hat, sondern im Sein der Schöpfung, eines Seienden, das am wahrhaftig Erneuernden mitwirkt. Das Tobende und Unmäßige, so sehen wir bei den ausgezeichnetsten Schöpfern, wird im Verlauf von zehn Jahren in seinem Grund zu einem Erzeugnis von gleichmäßiger, zielgerichteter und ausgefeilter Arbeit. Und ohne alle Orientierung wußten diejenigen, die zu ihrer Zeit den *rôle* der Jüngsten gespielt hatten, nicht mehr, ob sie sich mit künstlerischen Aktionen oder Reaktionen anlegten, wußten nicht, ob sie das Neue, als Alte verkleidet, bekämpften oder ob sie auf einen veralteten Formalismus mit einem Realismus reagierten, der verpestende Grabesdünste und fauliges Untergangsfieber ausströmte.

Tatsächlich war das, was in seiner neuen und wahrhaftigen Tiefe geschah, schwieriger zu wollen und zu kennzeichnen. Vor allem, daß es eine neue Haltung war, die nicht im Schutz irgendeines Historismus stand und nicht durch vorgängige Bezüge bestimmt war. Meiner Ansicht nach verdankte es sich dem Aufkommen einer neuen Bekundung des Menschen in seinem Kampf mit der Form. Es war eine Art Schöpfer, der sein Können bereits nach seiner ersten Ausbildung beherrschte und sich vom gesamten Beitrag der alten Kultur genährt hatte, die, weit entfernt, ihn zu ermüden, seine schöpferischen Fähigkeiten anspornte und sie schrecklich überraschend machte. Ein kritisches Wissen, das zugleich und vielleicht ebendeshalb sehr schöpferisch war; eine intuitive Erkenntnis, als Hypostase des Historischen, die rasch die Bereiche der Schöpfung im gewöhnlichen Durcheinander des Historischen durchdrang. Man wird mir entgegnen – aber diese Entgegnung ist nur oberflächlich –, daß auch Leonardo und Goethe diese Art von Kultur verwirklicht haben, gebildet aus großen lebendigen Synthesen; aus einem reichen Vermögen, durch die Form hindurch, die Inhalte der Schöpfung zu entdecken. Aber ein Unterschied zwischen beiden Weisen der Synthese scheint unserer Absicht zu genügen. Die großen Gestalten der zeitgenössischen Kunst haben Bereiche entdeckt, die versunken schienen, Ausdrucks- und Erkenntnisformen, die ungebräuchlich geworden und doch schöpferisch geblieben waren. Die Kenntnis des Neothomismus bei Joyce, wenn auch vielleicht nur als *dilettante*, war nicht ein spätes Echo der Scholastik, sondern eine mittelalterliche Welt, die, als sie mit ihm in Berührung kam, befremdlich schöpferisch wurde. Strawinsky gelangte ohne alle neoklassische Hinterlist, sondern aus der Notwendigkeit, einen Faden in der Tradition zu finden, zu Pergolesi, der dem Geheimnis der Musik, dem Kanon der Schöpfung, der Beständigkeit in den Verwandlungen, dem Rhythmus der Wiederkehr so nah gewesen war. Die große Ausnahme eines Leonardo oder eines Goethe verwandelte sich in unserer Zeit in den markanten Ausdruck, der eine intuitive und rasche Erkenntnis der vorherigen Stile erforderte, Gesichter dessen, was nach so vielem Scheitern und einer angemessenen Plazierung in den zeitgenössischen Auseinandersetzungen weiterhin schöpferisch geblieben ist, im Gleichgewicht zwischen dem, was sich in die Schatten zurückzieht, und dem Strahl, der aus den Wassern heraufsteigt.

Wenn Picasso vom Dorischen zum Eriträischen übersprang, von Chardin zum Provenzalischen, schien uns das ein optimales Zeichen der Zeit zu sein, aber wenn ein Amerikaner Picasso studierte und verarbeitete, *horror referrens.* Sofort, falsches Rebhuhnäuglein, das es sich zu leicht machen will, sprach man von organischen Einflüssen, unerläßlicher paulinischer Nahrung und von vegetativem Einfluß, beide passiv und unbrauchbar. Bevor man zur Lösung dieses Problems gelangt, ist es vielleicht Gelegenheit, zu wiederholen, was jener Philosoph gegenüber den eleatischen Aporien sagte: »Ich sehe die Lösung, aber ich sehe nicht das Problem.« Vielleicht wurzelt das Problem darin: Picasso war eher eine Lösung als ein Problem. Aber bei diesem ersten Tänzeln wollen wir uns damit begnügen, das Problem, wenn es denn existiert, an seine Anfänge zurückzuführen, wo es angemessen ist, an einige Verse von Tirso de Molina zu erinnern:

Ihr haltet euch an fremden Honig;
ich halte gleich den Bären fest,
der mit dem Bienenkorb daherkommt.

Die eleganteste der minervischen Klugheiten läßt uns die mexikanische Malerei als Beispiel für diese Parallelität auswählen, die zunächst deutlich markiert und dann verwischt werden muß. Bei Guerrero Galván eine Frauenfigur am Meeresstrand, das gleiche Motiv bei Picasso, Haar, Hände und Füße auf die gleiche Weise gestaltet; bei Tamayo eine Komposition mit Melonen und Mandolinen, bei Picasso erneut das gleiche, die Wahl derselben Frucht und die Vorliebe für dasselbe Musikinstrument; Pferde bei Agustín Lazo, die mit den Initialen de Chiricos gezeichnet zu sein scheinen. (Dabei könnten wir an die Jahre 1910-15 erinnern, als Pablo aus Málaga dem Römer de Chirico sehr nah war.) Es geht nicht um eine Rangordnung von Einflüssen, von denen einige tödlich und unwirksam, andere voller Ahnungen und magischer Anregungen wären. Auch nicht um Vorrechte zur Nachahmung – hat nicht Thomas Mann darauf hingewiesen, daß bei Goethe die Dimension der großen Kunst auf Eros und Parodien beschränkt ist? –, denn um in unserer Zeit den Anfang der Nachahmungskette zu kennzeichnen, wäre es nötig, die Gespenster Scotland Yards mit dem Übersetzerkollegium in Toledo zu vereinen und eine Arbeitskooperative mit dem Syndikus ägyptischer Schreiber zu bilden.

Diese Einwände, die Mexikaner gegen mexikanische Maler erhoben, erzeugten einen Schrecken und einen Komplex, der sie dazu brachte, die Beschuldigung in eine Anklage zu verwandeln, und als 1944 unsere Maler in Mexiko ausstellten, stimmten Diego Rivera, Siqueiros und Rodríguez Lozano darin überein, unsere Maler anzuklagen, sie seien beeinflußt von ... Picasso.

All diese Einwände, die aus vielfältigen Verwirrungen und überstürzten Urteilen entstanden waren, zerstreuten sich, sobald wir ein Zentrum thematischer Bezüge finden konnten. Dieses thematische Zentrum mußte aus einer neuen Fragestellung hervorgehen: daß Picasso in der Geschichte der Kultur einige sehr bedeutende Geheimnisse überliefert und sichtbar gemacht hatte, wie etwa die bildnerischen Elemente, kompositorische Listen und die Entdekkung der wahrhaft schöpferischen Tradition der Bildhauerei in ihrer ganzen Fülle. Was bei Cézanne eine schmerzliche Suche war, mit nur wenigen Schülern, verwandelte sich bei Picasso in ein ewiges Finden, in Glücksfälle und die Gunst der Stunde. Die neue Kunst, die bei Cézanne ein schmerzliches Abenteuer war, was die Entwicklung der großen Persönlichkeiten begünstigte, hatte sich bei Picasso in eine geheime Teilhabe verwandelt. Die Formeln, die er gefunden hatte, ähnelten dem, was im 18. Jahrhundert der musikalische Kanon war, und jeden Tag tauchen in diesem Jahrhundert mehr unbekannte Musiker großer künstlerischer Qualität auf; zahllose Heere von bildenden Künstlern versuchten sich spielerisch mit ihnen an verschiedenen Stilen, mit unterschiedlichem und wechselndem Glück. Und diese Kunst, die noch gegen Ende des vergangenen Jahrhunderts die Entwicklung der großen Persönlichkeiten begünstigt hatte – einen Cézanne, einen van Gogh, einen Degas –, war zu stilistischer Spielerei, zur Kombinatorik von Formeln und dekorativer Buntheit verfallen. Die Tatsache, daß Picasso der Maler gewesen ist, der den größten Einfluß der Welt ausgeübt hat, mehr als ein El Greco, ein Piero della Francesca oder ein Raffael, ist eher ein Zeichen für die Hypertrophie des Bildnerischen in unserer Zeit als ein Indiz für das Qualitative. Der Malagueñer ist in unserer Zeit das beeinflussende Wesen, das dazu geschaffen ist, in den anderen eine *virtus receptiva* zu wecken. Auch das ist für unsere Zeit kennzeichnend. Sein Auge greift sofort das Schöpferische aus seiner unmittelbaren Umgebung heraus und gibt ihm, mit einem sehr mediterranen Instinkt, Form und schlüssiges Aussehen. Nach der bekannten Anekdote, die allerdings Tag für Tag lügenhafter erscheint, besuchte er höchst begierig die Ateliers der Jungen, um das an ihnen zu überraschen, was noch im Larvenstadium des Beginnens war, und sie auf den Gipfel ihres Wirkens zu führen, wobei jedoch seine unhinterfragbare Vaterschaft stets unangetastet blieb. Er war der Sohn in der überraschenden assimilierenden Verarbeitung und der erstaunlichen aufbauenden Entfaltung, aber gleichzeitig auch hielt er seine Vaterschaft aufrecht in der erreichten Form und im Bereich der Vorschläge und Anregungen. Er war eine in organischen Einfluß übertragene lebendige Zusammenfassung, und er gab ein Geheimnis weiter, das für den, der es empfing, weiterhin mysteriös und plazental blieb. Kein Maler hat je so viel Verborgenes gelehrt, so viele Stile wiedererweckt, auf vergangene und tote Epochen so viele Möglichkeiten der Wiederbegegnung und des Anfangs projiziert. Wie diese Bauern, die durch eine Ausnahme ihres Gedächtnisses ohne alle Überraschung ihre Alltagsunterhaltung in klassischem Griechisch begannen, war er dazu geschaffen, in der Gewohnheit, in den gebräuchlichen Stilen wunderbare Zeichen dauerhaften Lebens zu finden, und es würde uns nicht überraschen, wenn er vor seinem Tod die Auferstehung des Fleisches malte und mit lächelndem Ernst die Herrlichkeit anzeigte, die es annehmen wird, als wäre das Thema seines lebenslangen Gesprächs mit dem Engel des aufgegebenen Namens gewesen.

So handelte der junge amerikanische Maler, als er den befruchtenden Sporn Picassos verspürte, nicht im selbstvergessenen Geist der Nachahmung und auch nicht verwirrt und mit verwässertem Blut, sondern wie der junge Ukrainer, Puertorikaner oder Lusitaner, die diesen heiligen Hieronymus der bildenden Kunst aufnahmen, der auf seine Weise ebenfalls die mündlichen Traditionen des Orients, das Geheimnis, den Erzähler in seinem besten Augenblick zu überraschen, mit dem römischen Kanon vereint hatte, der ökumenischen Sphäre, der Schule von Athen Raffaels und der thebanischen Legion El Grecos.

Es ist gewiß, daß Picasso und sein glücklicher Androide, das beeinflussende Wesen, eine einzigartige Bekundung unserer Zeit gewesen sind, aber es gab große historische Vorgänger, die uns angesichts dieses Ahnenreichtums das Vertrauen gaben, ihn kritisch anzuerkennen, und die bisweilen wie eine Lawine über ein geschichtliches Weltalter, eine Stadt oder über eine Person herfielen. Eine so mächtige Lawine, daß immer die Gnade ihr zu Hilfe kommen mußte, denn es sind immer die Größten, die den höchsten Gefahren ausgesetzt sind. Und an der äußersten Grenze der ausgedehnten Fläche erscheint immer der Feigenbaum mit seinen verwegenen Besuchen.

Kein *carrefour* oder Kreuzweg ist gefährlicher als der des Griechen der großen Zeit. Ihre Lage zwischen dem Theozentrismus der Ägypter und dem, was wir ohne allzu großen Drang zum Paradoxen die verfeinerte Barbarei der Perser nennen könnten, verkleinert die Griechen nicht und macht sie auch nicht zu Flüchtlingen, sondern führt sie dazu, verwoben in die fröhlichen Tänze ihres Vertrauens in ein harmonisches Schicksal, in der vom Licht vermessenen ausgedehnten Ebene zu erwachen. Im Streit um die Priorität zwischen den ägyptischen und den griechischen Göttern besteht Herodot mit heimlichem Behagen darauf, zu beweisen, daß der ägyptische Herkules dem griechischen Herkules um fünf Generationen vorangehe. Um das zu beweisen, fährt er bis nach Tyros in Phönizien, wo es einen Tempel gab, der dieser Gottheit geweiht war. Als er das bestätigt, scheint er von Freude überflutet: »Dies mit Weihgeschenken reich geschmückte und ausgestattete Heiligtum habe ich gesehen. Unter anderem standen zwei Säulen darin, die eine aus lauterem Gold, die andere aus Smaragd, der des Nachts leuchtete.« Der Tempel, versichert Herodot, war zur Zeit Tyros von den Phöniziern gebaut worden und war etwa 2300 Jahre alt.[71] Dieser Gott der Kraft, scheint Herodot daraus abzuleiten, muß aus dem Dunkel und der Ferne zu uns kommen, und wir, die Griechen, müssen ihn in den Kampf mit Hydren und Schlangen, mit Wäldern und tückischen Hinterhältigkeiten schicken, und er muß uns erneut die erschöpfte Sexualität und das träge gewordene Schöpferische anregen.

Aber diese vertrauensvolle Haltung der Griechen im Verhältnis zu den Ägyptern ändert sich, sobald die Perser in ihren Gesichtskreis kommen. Mit der wunderbaren Bildung ihrer Sinne, mit dieser Lebensform, die angeborene Ruhe der Atmung war, stellen sie fest, daß sie von den Ägyptern unvollendete Formen übernehmen können, Götter, die sie auf ihre heiligen Berge überführen können, aber im Gegensatz dazu überwachen sie mißtrauisch den Perser, der ihnen etwas fortnimmt, der das träge Ungeheuer ist, der schlaffe Organismus, der nichts mehr aufnehmen und verarbeiten kann. Die Stimme des Lyders rät Kroisos, damit er nicht gegen die Perser zieht: »Sie tragen Hosen aus Leder und auch sonst lederne Kleidungsstücke, und sie essen nicht, soviel sie wollen, sondern soviel sie haben; denn sie bewohnen ein armes Land. Sie haben keinen Wein, sondern trinken Wasser, und keine Feigen gibt es bei ihnen, noch andere gute Dinge. Was kannst du ihnen nehmen, wenn du sie besiegst, da sie doch nichts haben? Denke aber daran, wieviel du verlierst, wenn sie dich besiegen.«[72] In dieser, vielleicht der gefährlichsten Position, welche die Geschichte der Kultur aufzubieten hat, zwischen dem Ägyptischen und dem Persischen, erkannte der Grieche intuitiv und freudig, von wo ihm das weisere Segel und der ausdörrendere Fluch kämen. Er genoß voller Wonne die ägyptischen Gaben und rüstete sich, dem ungestalten, riesigen und launischen Drachen Widerstand zu leisten.

Der Europäer hatte uns eine vorgängige Lektion erteilt: die Reduktion der Landschaft auf den Menschen, sei es durch das Fenster, wie bei einigen mittelalterlichen Primitiven, sei es in dem üppigen Feudalherrn, wie wir auf dem erwähnten Bild von Simone Martini gesehen haben, der die Einfriedung seines Schlosses verließ; aber in Amerika wollte man die Natur auf den Menschen reduzieren und dabei von der Landschaft absehen. Was aber ist wirklich in der Geschichte der Kultur die Landschaft? Wenn der Mensch sich über diesen Faden, der sein Ich von der Außenwelt trennt, hinausbeugt und eine Landschaft betrachtet, bleibt in ihm sofort ein Ausschnitt zurück, eine Definition der Natur. Besteht also die Landschaft in einem Gitter von sympathischer polygonaler Eingrenzung, mit dem eine Ausdehnung der Natur definiert wird? Wir wollen doch einmal sehen, ob wir diesen Kaktus nicht auf die Leinwand eines Stillebens bringen und ihm dort einen schweigenden dialektischen Schuß verpassen können.

Vor allem bringt uns die Landschaft dazu, einen Blickpunkt einzunehmen, den Gesichtskreis zu umgrenzen. So daß die Aufmerksamkeit erregt oder ein geheimnisvolles Pfeilchen auf uns abgeschossen wird, daß der Blick seine Krieger zur Verteidigung seines Gebiets aussendet und die Umgrenzung ihre bogenkrumme Einzäunung gegen gleichgültige Gebiete oder dschingiskhansche Barbarei aufrichtet. Die Landschaft ist eine der Herrschaftsformen des Menschen, wie das römische Aquädukt, ein Spruch Lykurgs oder der apollinische Triumph der Flöte. Landschaft ist immer Dialog, Reduktion der Natur, die auf die Höhe des Menschen gehoben wird. Wenn wir Natur sagen, verschlingt das *panta rhei* den Menschen wie ein Leviathan des Ausgedehnten. Die Landschaft ist die mit dem Menschen befreundete Natur. Wenn wir den Satz Schellings annehmen: »die Natur ist der sichtbare Geist und der Geist ist die unsichtbare Natur«,[73] wird es uns leicht fallen, zu dem Schluß zu kommen, daß dieser sichtbare Geist am meisten Gefallen daran findet, mit dem Menschen einen Dialog zu führen, und daß dieser Dialog zwischen dem Geist, der die Natur offenbart, und dem Menschen die Landschaft ist.

Zuerst muß die Natur den Geist gewinnen; danach wird der Mensch ihr begegnen. Die Mischung dieser Offenbarung und ihr Zusammentreffen mit dem Menschen markieren die Souveränität der Landschaft.

Wo auch in Amerika die Möglichkeit zur Landschaft auftaucht, muß es eine Möglichkeit zur Kultur geben. Der von der Nachahmung des Europäischen am wütendsten Besessene zerfließt, wenn die Landschaft, die ihn begleitet, ihren Geist hat und ihn darbietet; denn wir sprechen mit ihr, und sei es auch im Traum. Das Tal von Mexiko, die in der Bucht von Havanna zusammentreffenden Koordinaten, der Andenbereich, auf den das Barock gewirkt hat, das heißt die Kultur von Cuzco – ist die Pampa Landschaft oder Natur? –, die Ausformung des Bilds zur Landschaft, eine Linie, die vom Gefängnis Francisco de Mirandas bis zum Tod José Martís verläuft, all das sind Formen der Landschaft; das heißt, im Kampf zwischen Natur und Mensch formte sie sich zur Kulturlandschaft, als Triumph des Menschen in der historischen Zeit. Der Traum Sor Juanas ist die Nacht im Tal von Mexiko; während sie schläft, scheint ihr umherirrendes Ich mit dem Tal einen Dialog zu führen, und was wie scholastische Termini schien, verwandelt sich, umgestaltet durch den Traum, in die Zeichen, die für die Geheimnisse jener Landschaft vereinbart worden sind. Die einfachen Künstler der Schule von Cuzco lassen auf ihren Leinwänden einen ehererbietigen Himmel durchscheinen, der weit entfernt von den Wolken ist, die von Botticelli bis zu Murillo reichen, und der eher ein unentzifferbares Vorzeichen ist als eine sanfte Begleitung. Und wenn wir erörtern wollen, ob die Pampa Natur oder Landschaft ist, hören wir in den jeweils ersten Gesängen von *Martín Fierro* und *La vuelta de Martín Fierro,* daß die Sprache mit neuem Stolz, Vertrauen und Männlichkeit wiederbelebt worden ist, und das durch eine Natur, die sich mehr und mehr der Fläche des Erdbodens angleicht, um uns ihre Ausläufer darzubieten, und sich so durch die neue Sprache, die sie durchzieht, zu Landschaften macht. Hört die Gitarre Martín Fierros, mit der menschlichen Stimme, die sie als ihre beste Begleitung beherrscht:

Ich sitz in einer Niederung
und singe euch Geschichten
– gerade so als blies der Wind
lasse ich die Weiden frösteln –,
mit Karo, Pik und Kreuz
sollen die Gedanken spielen.

Ich bin Stier in meinem Rodeo,
in dem der andern Bulle;
stets hab ich mich für gut gehalten,
und wenn man mich erproben will,
sollen auch die andern singen,
dann sehen wir, wer schlechter ist.

Und in *La vuelta de Martin Fierro*[74] ruht er wie eine Steinmasse, die von friedlichen Flüssen begleitet wird:

Und wer mich verbessern will,
vieles muß der wissen
– der muß vieles lernen,
der mich richtig hören kann –,
der muß vieles widerkäuen,
der mich recht verstehen will.

Nach dem barocken Herrn, der sich in der Mitte seines Genusses gut eingerichtet hat, wird die Landschaft erneut kräftiger und dämonischer magnetisch aufgeladen. Der aus ihrer Mitte verrückte Mensch kehrt in sie zurück, auch wenn seine Landschaft sich unversöhnlich zeigt, bereits für immer fern. Francisco de Miranda konnte keine neue Mitte einer neuen Landschaft finden, weder in der französischen Revolution noch in den bezaubernden Wonnen eines Eros in der Aufklärung am Hof Katharinas von Rußland, noch auch im pedantischen und kühl-schöpferischen England Pitts. Er zieht durch ganz Europa, aber solange er nicht seine Mitte erneut im Gefängnis findet, wo er sein Land aus der Abwesenheit wieder aufbaut, fühlt er sich nicht wieder wahrhaftig als Venezolaner. Seine Landschaft hat bereits genügend Kraft, daß er sich auf jeder Bühne, auf der er sich entfaltet – und er bewegte sich auf einer der größten seiner Zeit –, auf sie besinnt, sie wieder aufnimmt und sie in die Mitte seines Gefängnisses stellt.

Jede amerikanische Landschaft ist immer von besonderer Saat und eigentümlichem Baumwuchs begleitet gewesen. Die präcortesianische Zivilisation gründet sich auf den gelben Maiskolben; vor allem die Maya-Kultur ist Kultur des Mais, des Siebs, das die Jahreszeiten umfaßt. Sie schafft eine ganz andere Muße, wie die, an der die Griechen Vergnügen fanden, oder das *otium cum dignitate* der Lateiner. Die barocke Schale mit feinstem Soconusco-Kakao enthüllt den Herrn auf der Kommandobrücke seiner Lust. Er übergeht eine Ermüdung, die dann in seinem Schuppen, seinem großen Tanzsaal noch zunimmt. Die Romantik des 19. Jahrhunderts überließ sich ganz der Ausdehnung, der Dürre der Ebene, dem Umherirren, das seine Spuren verwischt. Der Ombú, der Baum der durch die Pampanacht zieht, wie ein großer Argentinier, Ezequiel Martínez Estrada, sagt, schenkt die wachsende Wohnstatt in der zu besiegenden gefährlichen Ferne. Und wenn nicht der Ombú, dann wohl die lebenspendende Ceiba in ihrer schützenden Dauerhaftigkeit. Sie gewähren dem fruchtbaren Leib Ruhe und bewahren der Estanzia die Einheit des Orts. Und die Franse, das feine Merkmal des Kreolen, ausgestoßen als Rauch des Tabakblatts, zwischen dem langsamen, Silbe um Silbe artikulierenden Sprechen und den Satzenden, die im harmonischen Abschluß ihrer Vokale um den Akut ringen, Bäume von der verwirrenden Pracht der Initialen in alten Chroniken, ehrwürdige Blätter, die in der amerikanischen Landschaft den Wert einer Schrift erlangen, in der eine Entscheidung über unser Schicksal niedergelegt wird.

Als van der Elst ein Unterscheidungsmerkmal zwischen der primitiven flämischen Malerei des 15. Jahrhunderts und der primitiven nordamerikanischen Malerei des 18. und 19. Jahrhunderts aufstellte, gründete er das darauf, daß die primitiven flämischen Maler keineswegs einen »primitiven Geist« hatten, sondern im Gegenteil eine ausgefeilte Technik: »sie waren Künstler von zu hoher technischer Vollendung, als daß sie die Beurteilung verdienten, die den groben und unkultivierten Malern Nordamerikas sehr wohl zukommt, die durch das Land zogen und für Wohnung und Lebensunterhalt die Porträts ihrer Gastgeber malten oder politische Plakate oder Bilder mit einer Aussage, die, wenn schon nicht künstlerisch bedeutend, so doch wenigstens stark patriotisch war«.[75] Vergleichen wir die van der Weyden zugeschriebene »Jungfrau, vom heiligen Lukas gemalt« mit der »Familie York in ihrem Heim«, dem Werk eines primitiven Nordamerikaners, das im Museum of Modern Arts in New York hängt, stellen wir fest, daß es nicht der Unterschied der Technik ist, wie van der Elst meinte, das ist allzu offensichtlich und springt leicht ins Auge, was diese beiden Bilder unterscheidet, sondern die Landschaft, die auf dem ersten jenseits eines Fensters sichtbar wird und auf dem zweiten auf einem Bild, das an der Wand hängt, von der die beiden Figuren sich abheben. Wenn wir »Ein gerechter Richter« von van Eyck und »General Washington bei der Revision von Fort Cumberland« aus der Galerie Osland in New York nebeneinanderstellen, so ist es nicht nur der Unterschied der Häupter, sondern die Landschaft, die bei diesem van Eyck, obwohl doch perspektivisch gemalt, sich vor dem strengen Richter zu befinden scheint, während im

Hintergrund des Bildnisses von George Washington die straffe Aufstellung der Schwadrone mit ihren blau-weißen Uniformen sich mit einer Landschaft aus großen weißen Massen fortsetzt, in der Aufeinanderfolge der Hügel und eines in elementarem Helldunkel verschlossenen Himmels. Aber mehr noch, wenn wir in einer unschuldigen Entscheidung neben das Porträt Arnolfinis und seiner Verlobten, auf dem wir ein Fenster sehen, das die Lichtmenge durchläßt, die nötig ist, die Gesichter zu beleuchten, uns aber kaum gestattet, genauer zu bestimmen, welchen Landschaftsausschnitt das Fenster zeigt, das »Gespräch« aus der Halladay-Thomas Collection halten, sehen wir hier zwar auch keine gewöhnliche Landschaft, jedoch erwartete man ihre aufwendige Entfaltung in den Blumen, die die ehrerbietige Figur trägt, und durch den Boden, die Abstufung, die einer Skala aus passenden Farben im Vordergrund der Komposition entspricht.

Aber wenn uns die amerikanische Landschaft mit Glück und Lob erfüllt hat, kehren wir nun in hoffnungsvoller Antithese zum verschlossenen Pessimismus des Hegelschen Protestantismus zurück. Wir haben bereits gesehen, wie im Indio Kondori die zoomorphen und photomorphen Elemente zu der Einheitlichkeit geführt wurden, die eine barocke Form brauchte. Aber nun erneut Hegel, der uns den Nahrungsmittelpessimismus bringt. Wenn ich zu ihm zurückkehre, dann ein bißchen mit der Absicht, ihn hochzunehmen und zu seinem Verdruß eine der Gelegenheiten aufzuzeigen, in der die Idee nicht mit der Wirklichkeit zusammenfiel, denn in diesem souveränen Geist scheinen die gezähmten Erfahrungstatsachen seinem vorgängigen Ideogramm, den erbitterten Forderungen seiner Begriffswelt zu folgen. »Wie man versichert«, sagt Hegel, »sind die Tiere selbst nicht so nahrhaft wie die Lebensmittel, die aus der alten Welt gezogen werden. Es gibt dort unermeßliche Mengen von Hornvieh; europäisches Rindfleisch aber gilt für einen Leckerbissen.«[76] Nach hundert Jahren stehen diese Behauptungen Hegels unumstößlich lächerlich da. Das Groteske an ihnen wird deutlich, ohne daß man einen Kommentar oder eine Glosse hinzufügen müßte. Und die sybaritischen Engländer, fast alle Hegelleser, lächeln, wenn sie sich über das argentinische Steak hermachen. *Bisquete* heißen die Engländer in den ersten Gauchogedichten wegen ihrer gefräßigen Vorliebe für das gebratene, gepökelte oder geselchte Filetfleisch der Ostküste. Dieses hübsche Problem sollen die zahlreichen Londoner Hegelianer der Whitehead-Schule lösen, indem sie uns das neue Absolute dieser Einverleibungsproblematik schenken.

Für Hegel wirkt der *logos* in theozentrischer Form in der Geschichte, das heißt Gott ist *logos,* Sinn; und wenn er den nicht mit der von seiner apriorischen Absolutheit geforderten Leichtigkeit findet, wird er mißmutig und bedenkt uns mit seiner Verachtung. Er sucht in Amerika den objektiven Geist, und er findet, wie in der Genesis, den Atem Gottes, der die Wasser kräuselt, wie ein flach über die ruhige flüssige Ebene geworfenes Steinchen. Uns erstaunt lediglich noch das ungeheure Interesse Ortega y Gassets an diesen sieben oder acht Seiten, auf denen Hegel in seiner *Philosophie der Weltgeschichte* sein Urteil über Amerika fällt. Er zieht in Amerika nur den weißen Kreolen in Betracht, nachdem er paradoxerweise hervorgehoben hat, die Kraft des Negers habe die indianische Passivität beseitigt. Seine Seiten über die schwarzen Kulturen zeigen ein skandalöses Unverständnis. Er beschränkt sich darauf, einen Stand der Unschuld aufzuzeigen. Als könnte die Idee der Unschuld, wie Hegel sie im katholisch-paradiesischen Sinn verwendet, sich in einer Stammgesellschaft überhaupt entwickeln. Er meint, das Charakteristikum des schwarzen Kontinents sei die Unbändigkeit, im Sinn eines Zustands, der keiner Entwicklung und Bildung fähig sei, sagt er. Um das zurückzuweisen, genügte es, an den epischen Höhepunkt des Barocks bei

Aleijadinho mit seiner Synthese des Schwarzen und des Spanischen zu denken. Diese Hegelschen Einschränkungen lassen es unumgänglich erscheinen, hier die Worte Alfred Webers zu wiederholen, die uns eine sehr intuitive und sichere Einschätzung der Hegelschen Werte in ihrer Gesamtheit zu sein scheinen: »Der erste große Widerstand, mit dem der deutsche Idalismus sich dem ideologischen Gehalt der modernen Kultur entgegenstellt, die aus der neuen Welt kommt.«

Bei Melville oder Whitman gab es nicht das heillose Problem ihrer Ernährung, sondern die Theologie und den Körper; sie bewegten sich wie feine Essenzen innerhalb der Gesamtheit ihrer Substanz. Beide, Melville und Whitman, stehen im Verhältnis von Weg und Ausweg, von Aktion und Reaktion zueinander, eine Kraft im Sündenfall und eine der Befreiung im Lob des Körpers. Während Melville sich in der finsteren Welt der calvinistischen Theologie bewegt – mit dem Sündenfall, den Zeichen des Bösen, den düsteren Labyrinthen, die eine Erlösung unmöglich machen – und die alte moralische Tradition wieder aufnimmt und sich von ihr in den Bann schlagen läßt, aber in Gestalt einer kreisförmigen Hölle, die dem Absoluten der Gnade unterliegt, verzichtet Whitman auf die Betrachtung der finsteren Boten des Guten und des Bösen und geht auf die Welt zu, in der Sokrates sich genötigt sieht, getrieben von der Erinnerung an die Tunika des Charmides, die Sophrosyne zu definieren.[77] Aber in dem Mann, der gegen das Böse kämpft, steckt selbst auch auf solche Weise das Böse, daß für die Schlacht, die er bietet, alle ästhetischen Möglichkeiten zerstückelt sind. Er weiß, daß er in diesem Kampf gegen das Böse nicht ein Ganzes retten kann, und auf die rasenden Schreie von der Brücke seines Schiffs antworten die Ungeheuer, die ihn umgeben, wie eine Art Halleluja mit negativem Vorzeichen, denn zu Beginn seiner Schlacht war seine einzige Rechtfertigung das Ausmaß der eigenwilligen Grandiosität des Sündenfalls. Wenn er aufsteigt, dann nur, um das Ungeheuer zu betrachten, das sich in die Dunkelheit zurückgezogen hat. Sein Kampf gegen das Böse verhärtet ihn dergestalt, daß sein Schicksal, wie das eines griechischen Helden, sich nur im Tod erfüllen kann. Am Ende des Werks erkennen wir, daß das Böse ihn nicht sucht, sondern im Gegenteil seine Ergänzung ist; er braucht die höllische Tat, um seinen Lebensweg abzuschließen. Am Ende hat er begriffen, daß die höchste Grandiosität seines Schicksals in der Selbstmächtigkeit seines Thanatos liegt und daß er nur auf seine Zerstörung zugegangen ist. Er ist Ausdruck der Apokalypse des Abstiegs in die Unterwelt. Wenn er den Geist des Bösen mit dem gleichartigen Zeichen der Rebellion bekämpft, findet er im Tod die einzig mögliche Lösung. Er hat sich dem Bösen mit gleichartiger Macht entgegengestellt, und in dieser kalten Epik des Schreckens, der ihn vernichtet, werden beide Rebellionen gleich. Whitman scheint den verstümmelten Körper Ahabs wiederherzustellen; er hält sich fern von der finsteren Welt der Unerlöstheit. Kein Rasen begleitet ihn, sondern der Sinn des strahlenden Körpers. Ihn kümmert nicht die Trennungslinie zwischen Gut und Böse, sondern die Energie, aber mit welch anderem Vorzeichen als die dämonische Energie William Blakes. Ihn interessiert diese Energie, sofern sie die Eingliederung des Geists des Bösen verhindert. Während Ahab sich von der Welt getrennt fühlt – und in dieser Trennung wurzelt die Vernichtung, die er benötigt –, gliedert Whitman sich ein, Körper und Gras, Gras und das Gestirn, und lebt in der Erlösung des Notwendigen, was für die Welt die Gegenwart seines Körpers ist. Melville und Whitman setzen mitten im 19. Jahrhundert die Zeit der anfänglichen Menschen wieder ein. Sie haben sich vom Historismus befreit, und zu Hegels größter Wut ist ihre Ernährung im Wesentlichen sehr fürsorglich gewesen. Die Lanzenstöße Ahabs, der das Ungeheuer der Prädestination verfolgt, erscheinen erneut in unseren Tagen in Kafkas

Wut, eine Schale zu zerbrechen, die bereits keine Beziehung mehr zum Keim hat, sondern zu seinen kalten Hirnschalen. Und wenn man, um die Einflüsse zu bezeichnen, die Kafka empfangen hat, neben den Schleiermachers den Melvilles stellt, verstehen wir, daß die protestantische Theologie des ersten ihre Tradition in Melville wiederzubeleben versuchte. Die Überschwenglichkeit Whitmans, einen Körper zu finden, in den er eingefügt wäre, erscheint erneut in den mächtigen Stufen des Aufstiegs bei Paul Claudel, nur daß bei Whitman sich das Verhältnis in einer archaischen, primitiven Welt vollzieht und bei Claudel sich die Rangstufungen in einer theokratischen Welt vollziehen, in der die Gaben der Gnade und die Ordnung der Nächstenliebe im Austausch miteinander stehen. Aber im Verhältnis zu der Pindarschen Welt der Griechen und der Welt des Sündenfalls haben die Amerikaner großen Stils nicht nur dieses Verhältnis aufgebaut, sondern etwa in Gershwin zeigt sich das Umgekehrte ebenso grandios. Er hat entscheidende westliche Einflüsse erhalten, die Klaviermusik Liszts, die aufgelöste Symphonik Tschaikowskys, die experimentelle Bewegung aus der Zeit des Ersten Weltkriegs, den frühen Honegger der Lokomotive, aber als die volkstümliche Welt seines Lands auf seine anfängliche Bildung einwirkte, genügte das, damit in *Porgy and Bess* oder in einigen seiner wunderbaren Lieder, wie etwa in »Blue Monday«, sein Makrokosmos vollständig zum Ausdruck kam. Die Sirene seiner Rhapsodie stammt aus den Laboratorien der akustischen Physik der Experimentalisten, aber die Synkopen mit ihrer volkstümlichen Wurzel im Jazz und die Sehnsucht aus den Spirituals genügten, um seine Fülle über seinen negativen Einflüssen zu organisieren. Seine Modernität ist rechtmäßig, denn forscht man von der Wurzel her nach der Quelle seiner Tradition, die andere verfallene oder unreine Traditionen adventiv nennt, so dient das als Stütze oder Beweis, eine verfehlte Tradition nämlich stößt sie ab, auf die gleiche Weise, wie ein gesunder Körper die Einverleibung von splittriger oder verdorbener Nahrung zurückweist.

Diese Gefräßigkeit, dieses Einverleibungsprotoplasma des Amerikaners hatte uralte Wurzeln. Dank diesen Wurzeln war unsere rezeptive Potenz gerechtfertigt. Der französische Einfluß, seit der Morgenröte der Revolution und der Romantik, war schöpferisch gewesen, denn dieser französische Einfluß hatte dem Spanischen gutgetan; seit der Zeit Alfons VI. im hohen Mittelalter hatte sich der Einfluß Burgunds, das gallische Ritual in den wichtigsten Episkopalkathedralen, in die Struktur des besten spanischen Aufstiegs eingelassen. Juan de Colonia, der für das Haus Burgund arbeitete, vollendet die beiden Turmhelme der Kathedrale von Burgos; fünfzehn Jahre später kommen, wie Mayer schreibt, mit dem Brüsseler Annequin Egas eine ganze Reihe von Bildhauern aus Belgien und Frankreich nach Toledo.[78] Und die Statuen des 13. Jahrhunderts im Innern dieser Kathedrale sind vom mächtigen Geist der anfänglichen französischen Gotik erfüllt. Aber selbst wenn man mit den Invasionen dieser französischen Gotik kämpft: es genügt, die Türme der Kathedrale von Burgos zu betrachten, um sofort zu sehen, daß ihre Grundlage spanisch ist. »Gewiß ist auch hier noch«, schreibt Mayer, »das Blockmäßige der Figur im allgemeinen gewahrt. Aber diese Bewegung ist von einer bisher noch nicht gekannten Freiheit.«[79] Grund und Freiheit in der spanischen Gotik, Grund und Freiheit als Zeichen der gesamten spanischen Geschichte im Lauf der Jahrhunderte. Ein Genie des Altamiraner Spaniertums, Goya, sehen wir beeinflußt vom deutschen Rokoko eines Mengs oder dem französischen Rokoko eines Watteau. Das heißt, mit der Geschichte, die ihn dazu zwingt, hat der Spanier das Genie, beeinflußt zu werden. Die italienische Prosa des *trecento* Boccaccios wird am besten im *andantino* der Cervantesschen Prosa aufgenommen. Die Polyphemiade Marinis ergibt sich dem stolzen Polyphem aus Córdoba.

Die Auffassung des Amerikanischen als eines Nachahmenden in Folge von Gleichgültigkeit und Trägheit löst sich auf in diesem Einverleibungszentrum, das wir vom uralt Spanischen erhalten haben. Wo fand sich das Gravitationszentrum dieser Aufnahme von Einflüssen? Das Zentrum des spanischen Widerstands ist die kastilische Felslandschaft; das bewirkt, daß in Spanien die Einflüsse nicht unstet und launenhaft sein können, sondern wesentlich sein und eine umfassende historische Rechtfertigung haben müssen. Wenn es sich an der kastilischen Steinigkeit bricht, muß das, was sich dort eingliedert, genauso stark und notwendig sein; ähnlich wie bei einem großen primitiven Organismus müssen die Nahrungsteilchen bis zum Zentrum der Masse gelangen, einem blinden Zentrum, wo die Funktionen nicht mehr unterschieden sind. Deshalb nimmt das harte Widerstandszentrum im Spanier die Einflüsse mit ethischer Ehrerbietung, mit asketischer Glut auf. Bei der amerikanischen Beeinflussung herrscht das vor, was ich den offenen gnostischen Raum zu nennen wagen möchte, in dem die Verflechtung mit dem eindringenden Geist sich über ein unmittelbares Blickverständnis wahrhaft vollzieht. Die geronnenen Formen des europäischen Barocks – und jede Wucherung ist Ausdruck einer körperlichen Beschädigung – verschwinden in Amerika durch diesen gnostischen Raum, der durch die Weite der Landschaften, durch seine überreichen Gaben erkennt. Das *sympathos* dieses gnostischen Raums verdankt sich seiner rechtmäßigen uralten Vorwelt, es ist ein Primitiver, der erkennt, der Sünden und Flüche erbt, der sich den Formen eines agonalen Erkennens einfügt und sich paradoxerweise mit einem anfänglichen Geist rechtfertigen muß. Warum konnte der abendländische Geist sich nicht über Asien und Afrika ausdehnen, wohl aber insgesamt in Amerika? Weil dieser gnostische Raum eine Art vegetative Befruchtung erwartete, worin wir sein Feingefühl, verbunden mit der Ausdehnung, finden; weil er erwartete, daß die Gnade ihm eine Wetterlage bringe, die der Aufnahme der Samenzellen angemessen wäre.

Den Beweis für die vegetative Forderung dieses gnostischen Raums finden wir in der kleinen Zahl der Kolonisatoren, die nicht der Zahl nach, sondern dem angemessenen Raum nach eine Ausdehnung bevölkerten, die andernfalls unfruchtbar gewesen wäre. Das Feingefühl ist die Porenempfindung einer Wetterlage, die Abwesenheit von Verachtung für jede befruchtende Möglichkeit. Im Renaissance-Europa, das eine die Entdeckung begünstigende *imago* erzeugt, als es das Chaos aus der Auflösung der theologischen Welt aufnimmt, als es erneut an die arkadische Zeit dachte, zeigte sich erneut der gute Indianer, wie ein zurückgebliebenes Geschöpf aus der Zeit des Ackerbaus. Aber diese Feinfühligkeit hat nichts mit dem Renaissance-Konzept vom guten anfänglichen Menschen zu tun. Die Natur kann ebenfalls verfeinert und schrecklich fordernd sein und zu vom Menschen unerfaßten Extremen gelangen, und es ist genau der anfängliche Mensch, der diese Verfeinerung und diese Forderung am meisten spürt. Als der Inka Garcilaso sich hinsetzte, umgeben vom Adel seiner Inkavorfahren, vermischten sich die Erzählungen mit dem Weinen der Sehnsucht. Dieses Klagen am Ort seiner Herkunft bewirkt in ihm aber keineswegs Groll, sondern bringt ihn dazu, die italienische Renaissance mit den Formen der ersten großen Reife der spanischen Kultur zu vereinen, Formen, die sich ihrerseits anschickten, die Grundlagen der Inkakultur auszuhöhlen.

Nach dem Mittelalter waren die Gegenreformation und der jesuitische Geist Formen wütender Verteidigung einer Welt im Verfall, den man mit strengster Willensanspannung aufhalten wollte. Erst in diesem Augenblick legt Amerika den Grund für eine Bejahung und einen Ausgang aus dem europäischen Chaos. Aber einen neuen Raum zur Begründung einer Renaissance konnte nur das Amerikanische in seiner Vergangenheit anbieten, und es gewährt es erneut den Zeitgenossen. Der Name des Inkagotts Pachacámac bedeutet, so Garcilaso, »der, der mit dem Universum das macht, was die Seele mit dem Körper«.[80] Das Verhältnis Seele, Körper, Natur bildet sich angesichts des Chaos der Werte aus, angesichts der *physis*, die das Vorspiel der Renaissance war. Wenn der Mensch in seiner Unmöglichkeit blutet, schafft er, um das dauerhafte Zeichen zu gestalten, das Zeichen des ermüdeten Steins, der blutet, ein Spiegel, der die Dauerhaftigkeit seines Schmerzes sichert. Keine Palisadenkultur brachte die Behandlung langer Steine bis zur Vollendung der Inkas; ohne angemessenes Hebe- und Schleifwerkzeug erreichten sie eine Vollendung, die das Erstaunen nur mit den babylonischen Mauern vergleichen kann. Diese Behandlung großvolumiger Steine – die Eroberer hielten es für Zauberwerk – konnte nur durch den gnostischen Raum erreicht werden, der in einem sehr engen Verhältnis zum Menschen die Natur als Form der Verfeinerung und Veredelung versteht. Pachacámac ist ein unsichtbarer Gott, der über die Natur und den Menschen seine Sichtbarkeit erlangt. In keiner Kultur erlangte die Fabulation eine solche Wirklichkeitskraft wie in der inkaischen. Garcilaso berichtet, daß zur Schlacht der Chanca-Indios, in der um die hunderttausend Krieger kämpften, Geister rieten; daß die Steine sich in Krieger und danach wieder in Steine verwandelten; daß der Inka Viracocha die Verstärkung erhält, die ihm der Geist seines Onkels angekündigt hatte. Daß die Priester des Sonnenhauses die Gottheit, die Sonne, wie einen Menschen ihres Formats behandelten, ihren Durst mit einem Gefäß aus Gold stillten, das sie alle Tage leerte. Und daß Viracocha später einen Tempel baute zur Erinnerung an den Geist, der die Truppen beraten hatte.[81] Das Verhältnis zwischen dem präcortesianischen Menschen und dem gnostischen Raum bewirkt, daß die vermittelnde und wie oblique Form seines Erkennens nur mühsam deutlich werden kann. Einige Ausdrucksweisen des letzten Kulteranismus – »Bögen sind sie für ihr Feuerwerk, / der Blumen feingewebte Lider« – scheinen durch die Rückkehr des Amerikanischen in den spanischen Süden geschaffen zu sein. Die seit der Entdeckung vergangenen Jahrhunderte sind hilfreich und voll gewesen; wir haben der überbewußten Problematik Europas eine unbewußte Lösung geboten. Einer derart bevölkerten Bühne, wie es Europa zur Zeit der Gegenreformation war, haben wir mit der Eroberung und Kolonisierung einen Ausweg für das Chaos in Europa geboten, das auszubluten begann. Während das europäische Barock zu einem trägen Formenspiel wurde, beherrscht bei uns der barocke Herr seine Landschaft und bietet uns eine andere Lösung, während die abendländische Bühne dazu neigt, eingegipst zu schwitzen. Während in der europäischen Romantik jemand rief, ich schreibe, wenn nicht mit Blut, so doch mit roter Tinte, bieten wir die Tatsache einer Neubildung, die aus der *imago* der Abwesenheit hervorgeht. Und als die Sprache verfällt, bieten wir die dionysische Gitarre von Aniceto el Gallo[82] und die zenitale Festlichkeit in der reichhaltigen idiomatischen Zeichnung José Martís. Und schließlich bieten wir, angesichts der meergrünen Kälte der minervischen Fügungen oder der Wut des alten Pan, die im Augenblick seiner Raserei verankert ist, in unseren Wäldern den Regenguß des Geistes, der erneut die Wasser kräuselt und sich friedlich über den gnostischen Raum verteilen läßt, über eine Natur, die er deutet und erkennt, die er vorbildet und ersehnt.[83]

Ausdruckswelt und Weltalter

Eine Nachbemerkung des Übersetzers

Lezama Lima zu übersetzen ist eine Zumutung; ein Unternehmen, bei dem im vorhinein nicht zu übersehen war, wie vertrackt es würde, und von dem auch im nachhinein nicht leicht zu sagen ist, ob es wenigstens ein bißchen angemessen bewältigt wurde. Die Probleme beginnen mit offenkundig Falschem: gleich auf der ersten Seite mag man stutzen, stellt man fest, daß die Bauern auf dem Blatt der Limbourg Brüder eindeutig nicht bei der Bewässerung sind: in solchen und ähnlichen Fällen wurde der Text auch in der Übersetzung so belassen; wohingegen z. B. Lezamas Hexameter des *I Ging* doch lieber zu den vertrauteren Hexagrammen gemacht wurden und etwa die Herren Levater und Schelemeicher in einer wohl nicht allzu kühnen Konjektur zu Lavater und Schleiermacher verbessert wurden (aber was heißt schon »verbessert«: es handelt sich bei solchen Eingriffen immer um ein Stück schulmeisterlicher Pedanterie). Doch was macht man schließlich mit einer Göttin Shiva?

Geht man von Lezamas vielfältig bekundeter, schier unerschöpflicher Kenntnis der Mythen weltweit aus, wird man hier kaum ein Versehen unterstellen dürfen (vergleichbar dem, aus Zeus oder Wotan eine Göttin zu machen); bekannt ist seine Technik, mit »enzyklopädischer Freiheit angesichts der Weiten des Raums«, wie Apollinaire so etwas nannte, verschiedene und disparate Vorstellungen, Figuren oder Mythen chimärisch ineinander zu projizieren – wie er es etwa im ersten der hier übersetzten Vorträge andeutungsweise mit der Polyphem-Episode der Homerschen Odyssee tut –, was vermuten läßt, daß es sich bei der befremdlichen Metamorphose des indischen Gotts ebenfalls um eine derartige, von Lezama vorgenommene Verwandlung handelt, deren dioramatische Tiefenstruktur aber nicht ohne weiteres durchsichtig ist. Überläßt man sich für einen Augenblick der Lezamaschen »Magie des metaphorischen Analogons«, dann liegt es nahe, ausgehend von den im Text erwähnten Figuren Shiva und Diana von Ephesos – an denen er das Moment der Vielheit isoliert: die vielen Brüste der Diana und die vielen Arme des Shiva –, in Verfolgung dieser mythischen Logik der »Überraschung der Zusammenhänge« eine entsprechende Göttin in Mittelamerika zu suchen und in der aztekischen Muttergottheit und Göttermutter Coatlicue zu finden, die durch ihren Namen schon als »die mit dem Rock aus vielen Schlangen« ausgewiesen ist, womit sie geradezu unmittelbar an die schlangenförmigen Arme Shivas anknüpft, zu dessen Attributen die Schlangen auch sonst gehören. Auf einer zweiten Betrachtungsebene sind alle drei Figuren Gottheiten, die den elementaren Zusammenprall von Licht und Dunkel, Zeugung und Vernichtung, Leben und Tod verkörpern, so daß eine dergestalt gebildete Göttin Shiva vielleicht letztlich auf den »gnostischen Raum« verweist, der Amerika für Lezama ist. Aber die in derartigen – a limine psychotisch wuchernden – Verweisungsfiguren impliziten Weiterungen sind tendenziell unendlich und sollten schließlich nur einer Intuition erlaubt sein, die sich, wie José Vasconcelos im Vorwort zu *La raza cósmica* (1925) sagte, auf die genauen Daten der Geschichte und der Wissenschaft stützen kann: Das ist Lezamas »gelehrte Polyphonie mit vier Kulturmomenten, die sich zu einer einzigen historischen Vision zusammenfügen«. – Und womöglich wird man auch nicht ausschließen können, daß es sich dabei schlicht um den Eingriff des gesunden Menschenverstands eines kubanischen Setzers handelt, der einen – seiner Meinung nach irrtümlichen – Gott Shiva ohne viel Federlesens – die Endung »a« bezeichnet im Spanischen nun einmal gemeinhin etwas Weibliches – zu einer Göttin gemacht hat.

Eine andere Schwierigkeit ist nicht minder grundsätzlicher und andererseits fast struktureller Art: die syntaktischen Extravaganzen, Konstruktionen, die sich beharrlich weigern, zu Sätzen zu werden, Anakoluthe; im Spanischen mit seiner ausgedehnten Praxis der Partizipial- und Gerundialkonstruktionen sind parataktische Gedankenführungen sehr viel leichter und »normaler«, weshalb die wuchernden Reihungen der Lezamaschen Assoziationen weniger spröde und eingängiger sind, als sie es im Deutschen wären. Deshalb wurde die Syntax mit – wie man in solchen Fällen zu sagen pflegt – aller gebotenen Vorsicht und Behutsamkeit den gängigen Regeln der deutschen Grammatik angepaßt – in der Hoffnung, damit nicht allzu sehr die sprachliche Substanz der Texte angegriffen zu haben.

Scheinbare Unschärfen aller Art sind nicht selten bei Lezama; weit entfernt davon, Unzulänglichkeiten und Nachlässigkeiten des Autors zu sein, sind sie Elemente eines kompositorischen Kalküls, Ausdruck einer genuinen Lokkerheit nicht in Fragen intellektueller Disziplin, sondern eher im Umgang mit einer – plakativ gesagt: der klassisch-aristotelischen – Logik, der das Klare und Eindeutige als Kriterium der Wahrheit gilt und aus deren Herrschaftsbereich Lezama immer wieder Abstecher zur lichtabgewandten Seite der Vernunft unternimmt. Er stammt wohl, wie Cortázar angemerkt hat, aus dem Geschlecht der krummsinnigen Prometheiden; es wäre gewiß ein Unternehmen, das wichtige Einsichten in die Verfahrensweise dieses tropischen Geistes vermittelte, die Rhythmik des Wechsels von klarer und deutlicher und dunkler Rede in seinen Texten zu untersuchen, die auf einer anderen Ebene vielleicht die von Gestalt und Ungestalt seiner Texte selbst ist. Man hat, mit Verweis auf derartige Unschärfen, geglaubt, behaupten zu können, seine Zitate, Assoziationen und Anspielungen wären oftmals haltlos, beliebig und zusammenphantasiert: um zu zeigen, daß dem keineswegs so ist und Lezama nicht nur der genialische Primitive ist, dem man generös das Rubrum *art brut* anheften kann, wurden die Zitate, soweit sie ausfindig zu machen waren, mit Stellenangaben belegt; bei den nicht belegten ist mitnichten auszuschließen, daß sie auch zu finden sind – die Ökonomie eines Übersetzers erlaubte es nicht, die Nachforschungen, die auch so schon über Gebühr ausgedehnt wurden, zu verlängern. Bedeutende Hilfe bei der Diskussion »schwieriger Stellen« leisteten Ineke Phaf und Manuel Pereira, denen ich hiermit noch einmal ganz herzlich danke.

Ein Wort zum Titel: die Anspielung auf Worringers Konzeption der Ausdruckswelten hat ihre Rechtfertigung einerseits dadurch, daß Worringer tatsächlich im Text zitiert wird, andererseits durch die grundsätzliche Argumentationsführung Lezamas. Hegel sagt in der Einleitung zu seinen *Vorlesungen über die Philosophie der Geschichte:* »Amerika ist somit das Land der Zukunft, in welchem sich in vor uns liegenden Zeiten, etwa im Streite von Nord- und Südamerika, die weltgeschichtliche Wichtigkeit offenbaren soll; es ist ein Land der Sehnsucht für alle die, welche die historische Rüstkammer des alten Europa langweilt. Napoleon soll gesagt haben: *cette vieille Europe m'ennuie.* Amerika hat von dem Boden auszuscheiden, auf welchem sich bis heute die Weltgeschichte begab. Was bis jetzt sich hier ereignet, ist nur der Widerhall der Alten Welt und der Ausdruck fremder Lebendigkeit; und als ein Land der Zukunft geht es uns überhaupt hier nichts an. Der Philosoph hat es nicht mit dem Prophezeien zu tun. Wir haben es nach der Seite der Geschichte vielmehr mit dem zu tun, was gewesen ist, und mit dem, was ist, – in der Philosophie aber mit dem, was weder nur gewesen ist noch erst nur sein wird, sondern mit dem, was *ist* und ewig ist – mit der Vernunft, und damit haben wir zur Genüge zu tun.« Der ganze Einsatz der fünf Vorträge läßt sich bestimmen als eine Auseinandersetzung mit diesen Bemerkungen Hegels. Zunächst einmal ist für

Lezama nichts weniger ausgemacht als die Behauptung, Amerika sei »nur der Widerhall der Alten Welt und der Ausdruck fremder Lebendigkeit«. Gegen das skandalöse Unverständnis, das er Hegel zum Vorwurf macht, hält er, daß Amerika nicht lediglich »das Land der Zukunft«, sondern bereits, und das von Anfang an, eine eigene Wirklichkeit sei, nicht bloß eine europäische Projektion und Kolonie, vielmehr eine Welt *sui generis,* eine Ausdruckswelt in Worringers Sinn; daß also die Zukunft bereits begonnen habe. Deshalb muß seine an Weisbachs Buch *Der Barock als Kunst der Gegenreformation* anknüpfende Rede vom Barock als Kunst der Gegenkonquista – und keineswegs als Verfallsform der Gotik, wie Worringer meinte und was hieße: der germanischen Ausdruckswelt zugehörig – genau so genommen werden, wie sie dasteht: mit dem Barock beginnt eine neue Formphase, die amerikanische. Diese Bildung der amerikanischen Ausdruckswelt hat für Lezama zwei Aspekte: Sie ist ein epochales Ereignis, insofern sie originär amerikanisch und das heißt antieuropäisch ist; sie ist ein ideologisches Faktum, insofern sie, wie die Gegenreformation, wesentlich katholisch und das heißt antiprotestantisch ist. Lezama macht so die Auseinandersetzung mit Hegel zu einer zwischen dem protestantischen Philosophen aus Europa und dem katholischen Dichter aus Amerika und vielleicht sogar grundsätzlich zwischen dem Philosophen und dem Dichter, der es wohl eher »mit dem Prophezeien zu tun« hat als jener; allerdings handelt es sich bei dieser Intention auf die Zukunft keinesfalls um weissagende Verzükkungen oder seherische Schwarmgeisterei: die Zukunft ist – poetypologisch – Funktion der Vergangenheit, »Projektion des historischen Sinns auf seine Zukünftigkeit« (ein Geschichtskonzept im übrigen, das, aufs Ganze gesehen, dem Hegelschen so fremd gar nicht sein dürfte). Er korreliert die Geschichte der Entdeckung, Kolonisierung und Befreiung Amerikas mit den Kämpfen, die im Gefolge der Reformation stattfanden – und das wohl mit allen Konsequenzen, wie sie eine historische Soziologie nahelegt, die gewissen modernen Gesellschaftsformationen eine religiös-protestantische Grundlage glaubte geben zu können –, und stellt so die Frage, inwiefern Amerika das »Land der Zukunft« sei, in den Kontext des von Hegel apostrophierten »Streits von Nord- und Südamerika«. Der Mexikaner José Vasconcelos läßt diesen, für ihn das Signum unserer Epoche ausmachenden »Kampf zwischen Latinität und Sachsentum« mit der Niederlage der Armada beginnen. In einem mit Januar 1960 datierten Text begrüßt Lezama Lima unter dem Titel *Se invoca al ángel de la jiribilla* die kubanische Revolution und gliedert sie mit der Figur des *ángel de la jiribilla,* des kolibriflattrigen Engels, genau in die Tradition seiner Geschichte der amerikanischen Ausdruckswelt ein, an deren Anfang er vom prometheischen Raub des Feuers durch den Kolibri berichtet. Die Revolution hat es ihm weniger noch als halbherzig gedankt: mit einem Denken wie dem seinen wußte sie offenbar nichts anzufangen, und auch das Feuer vermochte sie ja nicht lange zu bewahren.

Grundsätzlich vielleicht wäre an das ganze Unternehmen die Frage zu richten, inwiefern sein Ausgangspunkt, eine kunstgeschichtliche Betrachtung, überhaupt angemessen ist. Indem Lezama Lima die Konzeption der Ausdruckswelten aufnimmt, verlagert er den Akzent der Frage, was die neue Welt sei, von einer militärischen und politischen Problemstellung auf eine formale und ästhetische: selbst den genuin militärischen Aspekt der Konquista in der Gestalt des Hernán Cortés sieht er in dieser Perspektive. Umgekehrt bedeutet das allerdings dann – den Gedanken bis in die letzte Konsequenz einer ideologischen Kampfthese verfolgt –, daß womöglich das europäische nur eine Spielform des amerikanischen Barocks als Kunst der Gegenkonquista ist, dieses also geradezu eine Form der Gegenkolonisierung, die eine militärische niemals hätte sein können: das Barock als die amerikanische Ausdruckswelt wäre dergestalt für Lezama Lima die Form, in der die neue Welt in die alte kam. Auf jeden Fall aber ist klar, daß ein solcher Entwurf um einiges weiter trägt als die reichlich wunderlichen und wohl nie sonderlich tragfähigen rassischen Konzepte eines José Vasconcelos in den zwanziger Jahren mit seiner »kosmischen Rasse« und eines Gilberto Freyre in den dreißiger Jahren mit seinem lusotropikalen »homo brasiliensis«, die man zwar als gegen den seinerzeit in Europa tobenden Rassismus aufgeboten verstehen muß, die aber deswegen um nichts weniger rettungslos naiv bleiben. Derartige Vorstellungen, die vermutlich den alten Mythos vom »guten Wilden« mit der positivistischen Rassenforschung des neunzehnten Jahrhunderts kreuzen, haben ihre Vorläufer in manchen Texten des Paters Las Casas, der den Eingeborenen in ideologisch-polemischer Absicht – um sie vor der Ausrottung zu schützen – geradezu eine höhere Rasse zusprach. Allgemeiner noch wird man sie wohl im Zusammenhang der Tradition sehen müssen, die noch Kolumbus ernstlich nach dem irdischen Paradies im Westen suchen (und es schließlich auch dort finden) ließ, die ihrerseits wiederum zurückgeht auf die antike Situierung der Elysischen Gefilde ebendort. Wie weit allerdings Lezama gerade mit seinem Bestreben, eine ganzheitlich-totale und historisch-epochale Situierung Amerikas zu leisten, dem ebenso systemversessenen wie krummsinnigen Philosophen aufgesessen ist, von dem Foucault gesagt hat, es sei nur schwer zu ermessen, »inwieweit auch noch unser Anrennen gegen ihn seine List ist, hinter der er uns auflauert: unbeweglich und anderswo«; wie weit also die Vergangenheit in die Zukunft hineinreicht, sei als Problem nur angedeutet.

Der Katholizismus als Denk-, Ausdrucks- und Lebensform, das ist für Lezama Lima Amerika: das schillernde Barock mit seiner proliferierenden Formenvielfalt – das uns modernen, an Geist und Seele reformierten europäischen

Bürgern fast anstößig vorkommt, weil es sich einem eindeutigen hermeneutischen Verstehenszugriff immer wieder verweigert, weil es mit seinen Pfunden wuchert und den Sinn ausufern läßt –, das »in Spanien und Spanisch-Amerika für Errungenschaften der Sprache steht, die vielleicht einmalig in der Welt sind, für Möblierung und Wohnraumgestaltung, für Arten des Lebens und der Neugier, für eine Mystik, die ganz neue Formen der Andacht entwickelt, für Weisen des Schmeckens und der Speisenzubereitung, die allesamt eine Lebenshaltung verströmen, die vollendet, verfeinert und geheimnisvoll ist, theokratisch und selbstbezogen, umherschweifend in der Form und fest verwurzelt in ihrem Wesen«. Was dergestalt dem in den Grenzen tradierter Fachdisziplinen denkenden humanistischen Verstand wie der wahllos bunte Flickenteppich eines undisziplinierten Eklektizismus erscheint und erscheinen muß, ist in Lezama Limas Perspektive der synkretistische und synkritische Entwurf einer neuen Epoche – eklektischer nicht als seinerzeit das Unternehmen Snorri Sturlusons, der allerdings die typologische Verbindung seiner Asen mit dem Asien Trojas noch durch eine tatsächliche und kontinuierliche Genealogie zu sichern versuchte: Lezamas »Magie des metaphorischen Analogons«, sein Konzept der »obliquen Erfahrung« und sein historiologischer Entwurf der »imaginären Weltalter« entsprechen der Kausalität diskontinuierlicher Genealogien des tatsächlichen historischen Procederes vielleicht eher.

Fundament der amerikanischen Ausdruckswelt, das Ausgedrückte quasi, ist für Lezama Lima zuallererst die *extensión*, die Ausdehnung, die Weite des offenen Raums, die Landschaft. Der Akzent, den Lezama auf die Räumlichkeit Amerikas legt, erinnert daran, daß des Kolumbus Reise in die Zukunft – in der er selbst allerdings nie angekommen ist: er glaubte wohl bis zuletzt, in Indien gelandet zu sein – ja natürlich zunächst und vor allem eine Reise in den offenen Raum war, geleitet von der Vorstellung, nach Westen zu fahren, um nach Osten, nach Indien zu kommen, weshalb Kolumbus auch z.B. als »Reiseführer« den Bericht des Marco Polo mitführte; diese Interferenz von Osten und Westen in Amerika, die Unterfütterung der Realwahrnehmung mit Erwartungen und Vorstellungen aus Gegenden, die geographisch und historisch anderswo zu situieren sind, hat die Wirklichkeit Amerikas von Anfang an geprägt – und noch heute ja nennen wir die Ureinwohner Amerikas wie selbstverständlich Indianer (was im Grunde so abwegig auch wieder nicht ist, denn recht eigentlich sind sie gar nicht wirklich Ureinwohner, sondern in prähistorischen Zeiten aus Asien eingewandert). Es zeigt sich also, daß, was sich einerseits wie der offene Raum der Zukunft ausnimmt, sich andererseits in den geschlossenen der Erdkugel krümmt, auf der tatsächlich West und Ost beständig ineinander übergehen: und so wie zum einen die *Indias occidentales* immer auf ihren phantasmatischen (und vielleicht auch prähistorischen) Ursprung in Gestalt ihres geographischen Doubles der *Indias orientales* verweisen, so hat zum andern das Barock der amerikanischen Ausdruckswelt seine Wurzeln und seinen historischen Ursprung in Europa, und so hat am Ende die Zukunft ihre Wurzeln in der Vergangenheit.

Der Konzeption des offenen Raums als Landschaft und Ausdehnung korreliert Lezama eine Reihe weiterer Raumfiguren. Dem natürlichen Raum der vorgefundenen Landschaft entspricht der kulturelle Raum der gegründeten Stadt: »die Kunst, eine Landschaft zu genießen« und »die Kunst der Stadt«, in der ein Land sich ausdrückt. Dem Motiv des offenen Raums steht das der Höhle und des »romantischen Gefängnisses« gegenüber (bei denen er ausdrücklich die Fluchtlinien nach Indien und Europa aufzeigt: es ist ja mehr als auffällig, daß ihn bei den amerikanischen Unabhängigkeitskämpfern in erster Linie deren Aufenthalt in Europa interessiert; man könnte sich fragen, was es für ihn selbst bedeutet hat, nie in Europa gewesen zu sein). Das so eingeführte Motiv des Unterirdischen verbindet sich bei Lezama stets mit einem *descensus ad inferos* (der Weg nach Westen über den Ozean war in der mythischen Geographie der Antike einer ins Totenreich); die Gegenüberstellung von offenem und geschlossenem Raum ist also letztlich die Konstellation von Landschaft und Tod. Deren Gestalt ist der Ombú, der Baum, unter dem in Alfonso Reyes' Gedicht von 1951 *Bajo el ombú de Adán* die Toten »die Geschichte selbst umkehren«, der Baum, in dem für Lezama »das Gesetz der Ferne« und die Logik der Abwesenheit Gestalt annimmt, der Baum, »der durch die Pampanacht zieht und die wachsende Wohnstatt in der zu besiegenden gefährlichen Ferne schenkt« und der so zum Bild dieser Landschaft wird, zum mythischen Weltbaum der amerikanischen Ausdruckswelt.

G. P.

Nachwort
von José Prats Sariol

Im Lateinischen wird »entdecken« und »erfinden« durch dasselbe Wort »invenire« bezeichnet. Ich werde hier versuchen, in diesem Sinn eine Ansicht der Essays von Lezama Lima zu entdecken und zu erfinden, in der Hoffnung, daß sie anderen Lesern hilfreich ist. Für den Einstieg will ich einen Erinnerungsstrang bis in meine Jugend zurückverfolgen, bis zu jenem warmen Morgen unseres tropischen Winters vor zwanzig Jahren, als ich ihn kennenlernte. Unsere Freundschaft erlaubt mir, die Worte Paul Valérys an Stéphane Mallarmé zu wiederholen und sie zu meinen eigenen zu machen: »Der eine kritisiert Sie, der andere verachtet Sie. Sie verwirren und beunruhigen, Sie erregen Mitleid und Bedauern. Der Klatschkolumnist unterhält die Welt auf Ihre Kosten, und Ihre Freunde schütteln den Kopf. Aber wissen Sie, fühlen Sie, daß es in jeder französischen (kubanischen) Stadt insgeheim einen jungen Mann gibt, der sich für Ihre Verse und für Sie selbst in Stücke reißen ließe? Sie sind sein Stolz, sein Geheimnis, sein Laster. Er sondert sich von allen ab und gibt sich ganz einer ungeteilten Liebe und dem Vertrauen zu Ihrem Werk hin, einem Werk, das schwer zu finden, schwer zu erfassen und schwer zu verteidigen ist.«

Die grundlegenden Züge seines ersten Essaybands *Analecta del reloj* (1953) lassen sich am genauesten fassen, wenn man von den letzten Texten ausgeht, die er geschrieben hat. Von dem postumen Werk *Imagen y posibilidad* (erschienen 1981) zu *Die amerikanische Ausdruckswelt* (1957), *Tratados en La Habana* (1958) und *La cantidad hechizada* (1970). Die Analekten, die gesammelten Texte, werfen ein Licht auf den Zusammenhang zwischen den Essays, der Dichtung und dem erzählerischen Werk, dem man sowohl geradlinig als auch auf Zufallswegen nachgehen kann. In jedem Fall gelangen wir zu solch Einzigartigem wie seiner Stimme mit ihrem asthmatischen Rhythmus, zu seinem Feinschmeckertum als *gourmet* und *gourmand*.

Fünf Züge scheinen dabei wie Früchte hervorzukommen: die Komplexität, der Sensualismus, der Idealismus, das Autochthone und die Rechtschaffenheit. Aber diese Bezeichnungen erfordern eine Abgrenzung, die ihnen ihr jeweils Eigenes zuweist. Das ist ein verwickeltes Abenteuer. Das Labyrinth gibt dem Minotaurus Daseinsberechtigung. Schreiten wir durch das »Zaubertor« und gehen wir auf seine etruskische, hypertelische Unendlichkeit zu, denn er zeigt seine Absichten nicht leicht.

Die *Komplexität,* die weit entfernt von der Banalität des Komplizierten ist, weist auf eine unleugbare Schwierigkeit der Lektüre hin. »Nur das Schwierige ist anregend«, sagte Lezama, und seine Texte sind tatsächlich voller Anregungen. Bereits Juan Ramón Jiménez sagte 1937 während eines Gesprächs in Havanna zu ihm: »Mit Ihnen, Freund Lezama, der Sie so wach, so begierig und so übervoll sind, kann man ständig über die Dichtung weiterreden, ohne Ermüdung und ohne Erschöpfung, auch wenn wir bisweilen Ihre überfließende Ideenvielfalt und Ihre brodelnden Ausdrucksformen nicht ganz verstehen.« Diese Komplexität hat ihre Grundlage in einer außergewöhnlichen Gelehrtheit und einem ans Wunderbare grenzenden Gedächtnis, die noch gefördert werden durch eine Fähigkeit zur Assoziation, die in der zeitgenössischen spanischsprachigen Literatur ohnegleichen ist. Ein Essay wie der über den modernistischen kubanischen Dichter Julián del Casal kann uns zu Baudelaire, Claudel und Pascal führen, zu einer Anekdote über Lord Brummel und Georg IV., zu den Unterscheidungsmerkmalen zwischen Ästhetizismus und Dandytum, zur platonischen Idee der Erinnerung, zu Thomas von

Aquin und seiner Zurückweisung des Fortschrittsgedankens.

Selten gibt es Texte, in denen sich nicht die Bezüge und die Angaben der unterschiedlichsten Quellen vervielfältigten, neben den zentralen Themenstellungen, die sie motivierten; das geht von Kuba und Lateinamerika nach Europa und in den Orient, von der Literatur und der Philosophie bis zur Malerei und Ästhetik. Eines Abends war ich Zeuge, wie eine bedeutende italienische Philologin, die unangemeldet zu Besuch gekommen war, ihre Überraschung über Lezamas Kenntnisse des *dolce stil nuovo* nicht verbergen konnte. Bekannt ist, mit welchem Erstaunen Karl Vossler die bis ins einzelne gehende Analyse der deutschen Romantik aufnahm, die der Dichter ihm in seinem bescheidenen Haus am Trocadero 162 gab.

Die intellektuelle Gier, die er – gegen die Erfordernisse seiner Gesundheit – durch die Seßhaftigkeit des unermüdlichen Lesers stillte, gibt jeder Zeile, jedem Vers die Form. Ein kurzer Text aus dem Jahr 1954 liefert uns unter dem Titel »Komplex und kompliziert« den Schlüssel: »Das Komplexe bereitet die Demut seiner Übungen vor. Es weiß, daß in jedem Abenteuer die Monotonie und die Verzweiflung Einzug halten, und es bereitet sich darauf vor, in der offenkundigen Monotonie der *askesis*, der Übung, die Verkündigungen zu empfangen; so gelangt es auf den Weg und fängt sich die Antwort auf die Stimme, die es für immer erweckte.«

Der Charakter dieser Komplexität ist befremdlich und überraschend, denn sie ist nicht das mechanische Ergebnis einer protzigen Kultur, die sich dem *potens* ihrer *imago* vermischte. Man muß auf die besondere Strukturierung und auf die stilistische Einzigartigkeit hinweisen, die sich mit ähnlicher Schärfe wie bei Jorge Luis Borges oder Octavio Paz bekunden, aber auf eine Weise, die fernbleibt von der Mittagsklarheit und der geschliffen glänzenden Ausführung. Zum Beispiel wird uns in »Das Geheimnis Garcilasos«, einem Text, den er mit sechsundzwanzig Jahren geschrieben hat und der eine unerläßliche Grundlage für alle Fragen an Lezama ist, die Originalität Garcilasos bei der Entwicklung dichterischer Formen und seine Anwesenheit im Werk Lope de Vegas oder Góngoras gezeigt, aber über konzentrische Kreisbewegungen, niemals auf linearem Weg.

Die Struktur der Argumente läßt sich allgemein durch die Technik charakterisieren, einen Essay mit einer Überlegung zu beginnen, die keine durchsichtige Beziehung zu dem angesprochenen Thema hat. Die plötzliche Verbindung, die Metapher, erzeugt einen komplexen Zauber. Ebenso steht es mit dem Schluß; in der Tradition des besten Impressionismus faßt der Schluß das Hauptsächliche intuitiv zusammen und legt Gedanken ohne die geringste didaktische Absicht nahe. Das ästhetische Vergnügen forscht den »obliquen Erfahrungen« nach, solchen, die sich mit voller Absicht quer zur aristotelischen Logik stellen. Jeder der fünf Vorträge aus *Die amerikanische Ausdruckswelt* zeigt das. Alle nähern sich ihrem jeweiligen Thema aus einer unerwarteten Ecke, alle entfernen sich von ihm auf ungewöhnliche Weise.

Zu Lezamas Stil gehören auch der komplexe Wortschatz und Satzbau seiner Werke. Lezama zu lesen ist eine mühsame Aufgabe, die bisweilen geradezu ärgerlich sein kann. Man könnte ihn darin vielleicht mit Joyce vergleichen. Seine Worte müssen wir oft in Enzyklopädien nachschlagen; seine Sätze sind häufig ungewöhnlich lang, und die Zeichensetzung kann eine höchst persönliche sein. »Eines der Indizien für die Unterentwicklung ist unsere Empfindlichkeit für all das, was mit der kulturellen Kruste, dem äußeren Schein und dem Lack der Kultur zu tun hat«, sagte Julio Cortázar in seinem Essay »Um zu Lezama Lima Zugang zu finden« in *Reise um den Tag in 80 Welten*. Aber dann sagt er auch sofort über seinen bewunderten Freund: »Das Geniale bricht herein, ohne die Minderwertigkeitskomplexe, die uns in Amerika so niederdrücken, bricht herein mit der elementaren Macht dessen, der das Feuer stiehlt.« Ein passiver Leser würde diese Schwingungszentren, die nichts leicht gewähren, nach wenigen Minuten zurückweisen, um so mehr noch, da sich die Hexerei seiner Gedanken zu allem Überfluß in einer fast extravaganten Verknüpfung und Überlappung von Grammatik und Tropik darbietet.

Das Unvorhersehbare rundet die Komplexität ab oder dehnt sie aus. Die Durchführung improvisiert auf geradezu neuerungssüchtigen Wegen: wenn er über Kafkas Tagebücher redet, weist er darauf hin, »daß sein Schicksal sophronisiert war«, wobei an den griechischen Dichter Sophron zu denken ist, der den Mimus als literarische Gattung begründete; redet er von einem Maurer, heißt es, »er setzt dem Nahrungsbedürfnis der Zeit Stolpersteine in den Weg«; eine Nacht kann von »michelangelesker Erhabenheit« sein. Das Fest des Worts ist eine stillschweigende Verteidigung des *trobar clus* und der *Skalden*. Dürre Realismen weist er gänzlich zurück: »Eine Wendung zum Realismus«, sagt er in einem Essay über Thomas Mann, »die keine neue Position gegenüber der Wirklichkeit bezieht, ist bloß ein Sadismus ohne Vision, ein eitles Fragment, das seine unverständige Kleinheit in die Welt hinauskläfft.« Der Leser muß sich hingeben, die Ankertrosse lösen und einsehen, daß er sich einer Wahrscheinlichkeit gegenüber findet, die das Unmögliche lobt, die der Kausalität mit dem Unbedingten entgegengeht. Sein Zauber ist auch der der Überraschung, des *impromptu*, das uns zu etwas führt, was wir nicht kennen. Lezama lesen heißt die Sehgewohnheiten umwerten: bei ihm gibt es die erhellende Abschweifung, die ungewöhnliche Korrespondenz und das Bild als magnetischen Pol des Diskurses. Seine Komplexität ist Zentrum einer Tat, die von einer rationalen und wollüstigen Liebe zum Wort ausgeht. Diese Poetik muß man verstehen, um sein Werk insgesamt genießen zu können.

Der *Sensualismus* bedeutet in seinem Fall nicht die vollständige Ableitung der Erkenntnis aus den Sinnen, sondern eine Vorrangstellung der Empfindungen, etwa wie bei Epikur, allerdings sehr vom Katholizismus durchzogen. Dieser Erkenntnisweg ist wesentlich für Lezama Lima. In einem Text über Roger Bacon überreicht er uns die Idee: »Die begrifflichen Verknüpfungen sind immer langsamer als dieses Plötzlich, das die Metapher bewirkt.« Dem fügt er ein Zitat von Thomas von Aquin hinzu: »Die Wahrheit ist Emanation aus dem Mund Gottes.« Oft führte er diesen Satz an. Bedeutsam ist seine Zurückweisung der Pascalschen These, der Sinnengenuß verhindere die Hypostasierung des Symbolischen. Lezama versichert dagegen, daß »in der Hypostase die Sinne sich verwandeln« und »den notwendigen Glanz für den Einbruch der Gnade« erhalten.

Die Sätze, die den Vorrang der Sinne zeigen, springen ins Auge. Zwischen Text und Kontext, Gefühl und Geschmack stoßen wir auf den »erkennenden Appetit« Montaignes, auf die Wonne im *Geistlichen Gesang* des heiligen Johannes vom Kreuz, auf die Parallele zwischen dem poetischen Diskurs und »der unaufhörlichen und sichtbaren Verdauung einer Schnecke«, auf die Benennung eines »wollüstigen Archäologen« als Lob auf Johann Joachim Winckelmann, nachdem er dessen *Geschichte der Kunst des Altertums* gelesen hatte. Ehe meine Aufzählungen langweilig werden, will ich noch jenes Zuckerwerk erwähnen, das uns bei der Lektüre von *Paradiso* das Wasser im Mund zusammenlaufen läßt, wenn die Eigelbsüßspeise arabischen Ursprungs beschrieben wird, bei der Eierschaum in einem Sirup aus Weißwein, Zimt und Limonenschalenstückchen schwimmt.

Die Farben der tropischen Morgen- oder Abenddämmerung, unsere Grün- und unsere Blautöne, die sich mit dem blendenden Gelb des Mittags überdecken, brechen in seine Essays über bildende Kunst ein, in seine Aussagen zu herausragenden kubanischen Malern wie Amelia Peláez und Víctor Manuel, René Portocarrero und Mariano Rodríguez. Seine unvermeidlicherweise üppige Vision der Karibik richtet den Blick auf die warmen Farbtöne: »Unser Gelb ist nicht das leberkranke und spanische, sondern steht unter dem Schild der Brechung und des Funkensprühens«, sagt er in einer Parallelisierung der »Malerei und Dichtung in Kuba im 18. und 19. Jahrhundert«.

Ich erinnere mich an den Abend, als er mir die Essays von Charles Du Bos lieh. Um mich zur Lektüre zu motivieren, erinnerte er daran, wie der französische Schriftsteller die Dichtung von Keats mit einem Pfirsich verglich. Ohne Zweifel könnte diese intuitiv-logische Synthese die strengste semiotische Studie beschließen. Das Lob der »Gier des Sinns«, der den Zufall meistert und ihn zu einem Mitwirkenden macht, löst den offenbaren Widerspruch zwischen wissenschaftlicher und impressionistischer Analyse auf. Gegen alle fanatische Schematisierung war eine derartige Versöhnung niemals ein Problem für Lezama. Eine Synästhesie bei Federico García Lorca, wie etwa »schwarze Töne«, war ihm ebenso natürlich wie eine mathematische Summe. »Früchtekranz«, einer seiner typischen Texte, faßt den Sensualismus zusammen und zeigt in der Beschreibung von Ananas und Guanábana die unverwechselbare Schale und das Fruchtfleisch eines Stils, dessen Charakteristikum die Einverleibung ist.

Sein *Idealismus* wird meisterhaft in den Worten Cintio Vitiers zusammengefaßt: »Wir wissen, daß Lezama, der vom christianisierten Heidentum und vom alexandrinischen Synkretismus ausging, einerseits die Katholizität erkundete, die in der französischen Gotik und im spanischen Barock gipfelte, und andererseits das *Tao* und die chinesische Lehre vom ›leeren Himmel‹, die ihn ganz besonders anzog.« Zu seiner Ideenwelt gehören auch die drei Schritte, die Vitier für seine Dichtung aufzeigt: Verbrennung, Beständigkeit und Transparenz. Diese Figur ist schwer zu fassen, und vielleicht gibt uns die christliche Idee des Heiligen Geists – die ihm so teuer war – die Synthese, aber es werden doch immer Zweifel bleiben, wenn wir die verschiedenartigen Elemente betrachten, aus denen seine Ideenwelt zusammengeschmiedet ist. Der philosophische Weltkreis Lezamas, zwischen Orpheus und Ikarus, behält viel Rätselhaftes in seiner dramatischen Suche nach einer Spirale, deren Zentrum die unendliche Möglichkeit ist.

Nach der chinesischen Mythologie, so hat er uns gezeigt, hat ein Mensch sieben Intuitionen, um sich seines Chaos zu bemächtigen. In diesem Sinn möchte ich jetzt, ohne daß die Reihenfolge eine Bewertung einschlösse, sieben charakteristische Möglichkeiten seines Idealismus aufzählen: die erste ist sein Glaube an das Reich der absoluten Wahrnehmung, der im Zusammenhang mit der Idee steht, daß die dichterische Erkenntnis ein Weg zu Gott sei; weiter die Ersetzung des Syllogismus durch die Metapher, das heißt, das Lob des Unbedingten; die dritte ist der Heilige Geist und seine Eigenschaften; Verdunstung und Atem; dann die Überzeugung, daß die Fülle der Dichtung im »metaphorischen Kraftfeld der Substanz des Inexistenten« liegt, was ihn zu einer Hyperbel führt: dem Bild der Auferstehung; die fünfte Möglichkeit ist der Begriff der intellektuellen Anschauung: »die oblique Erfahrung und das Plötzlich«; dann das *caritas omnia credit*, jene Liebe, von der Paulus sagt: »sie glaubet alles«, »die Gnade aus dem Wort«; schließlich die *Tokonoma* oder der leere Raum, der wie eine Beschwörung entziffert wird, die bewirken kann, daß die Beziehung zwischen dem Möglichen und dem Unmöglichen in der Lage ist, im Unendlichen neue Möglichkeiten zu schaffen. Aber tatsächlich lassen sich diese sieben Intuitionen nicht isolieren, sondern sie bilden einen vollständigen *logos spermatikos*, der durch die Suche und die zerreißende idealistische Helle bestimmt wird: »Nur das Absurde kann die Andersheit meistern, denn so wie es jetzt ist, gleichen die kausalen Ableitungen ebenso der Tat wie dem Keim, die entfesselnde Möglichkeit hat ihre Quelle verloren, und die kausale Angemessenheit, die Wurzel der *physis,* hat den Menschen zerstört«, sagt er in seiner Studie zu *Rayuela.* Ein Text von 1968 endet mit dem Satz: »Glücklich sind wir, wir Vergänglichen, daß wir die Bewegung als Bild der Ewigkeit betrachten und versonnen der Parabel des Pfeils folgen können, bis er in der Horizontlinie versinkt.«

Die philosophische Konstruktion mag befremdlich erscheinen, die Quellen esoterisch oder gar willkürlich. Aber der Zusammenhalt im einzelnen und die Entsprechung zu seinem Lebenswerk sind unbestreitbar. Keimhafte Entstehung und Auswahl verknüpfen sich, wie in seinen Gedichten, in seiner Ideenwelt auf eine dichte und fruchtbare Weise, die selbst bei dem einen oder anderen Widerspruch noch geistvoll bleibt.

Das *Autochthone* ist kraftvoll und widerspenstig wie ein Maultier. Kuba, Lateinamerika, die Welt kreisen wie die Projektion eines Bilds der Heimat durch sein ganzes schöpferisches Werk. Und selbstverständlich ist seinem Patriotismus jegliche Form von Provinzialismus und Chauvinismus fern. Und nicht selten ist er wegen seiner universellen Interessen und Kenntnisse als »elitär« oder »elfenbeinern« verschrien worden. Der Entwurf des Nationalen zeigt sich elementar in den Themen, die er entwickelt hat. Die Titel seiner Essays und Gedichte, die Oberfläche und der Hintergrund seines Romans zeigen zur Genüge die Unabhängigkeit seiner Ansichten. Die verschiedenen Masken der Person, José Cemí, Oppiano Licario, Fronesis, sind unabweisbar kubanisch. Einen solchen Wert an der Schwelle zum 21. Jahrhundert herauszustellen mag anachronistisch erscheinen. Aber wenn wir an die Unterentwicklung denken, wenn uns Begriffe wie Abhängigkeit, Peripherie, Kolonialismus und Imperialismus durch den Kopf gehen, ist das

Lob des Autochthonen schon nicht mehr ganz so unüberlegt.

Lezama hatte ein klares Bewußtsein der Gefahren, die unserer Kultur drohen. Das wird an vielen Stellen offenkundig. Man kann das in seinen Essays von 1940 an verfolgen bis zum Höhepunkt in *Die amerikanische Ausdruckswelt*. Die Klarsicht dieser 1957 gehaltenen Vorträge ist erstaunlich. Er dringt tief ein, wenn er sagt, der furchtbare Komplex des Amerikaners habe seine Wurzel darin, daß er glaube, seine Ausdrucksmittel seien »nicht erreichte Form, sondern Problem, eine zu lösende Aufgabe«. Und er geht noch weiter, wenn er »die amerikanische Schwierigkeit, Saft aus den Umständen zu ziehen«, anzeigt. Er erspähte »das amerikanische Erwachen zur Sammlung und Sättigung«, wenn er darauf hinweist, daß der Indio Kondori »jene Hoheit erlangte, die das amerikanische Blatt dem griechischen Trifolium gleichsetzte.«

Nicht all seine Überlegungen zeichnen sich durch Hellsicht aus; so etwa die Suche nach einer Gesamtheit von Kultur und Politik in der amerikanischen Geschichte, aber noch aus diesen Bestrebungen hören wir die Stimme des Autochthonen. Wenn er sagt, unsere Tradition bestehe mehr »aus möglichen Abwesenheiten als aus unmöglichen Anwesenheiten«, so sehen wir hinter diesem konzeptistischen Spiel in »Die Geburt des kreolischen Ausdrucks«, wie sich in den Volksliedern der Straßensänger, in der Gauchodichtung und im mexikanischen Corrido, in der »Landschaft als Möglichkeit zur Kultur« das Lateinamerikanische herausbildet. Die Verteidigung des Nationalen und Regionalen hindert ihn nicht zu bemerken: »die Indifferenz gegenüber dem Fremden zeugt von mangelnder Eleganz und von Abkapselung«. Und hat er nicht in »Von der Dichtung aus« gesagt: »Das Unbekannte ist fast unsere einzige Tradition«? Auch war es seine Absicht, »die Landschaft mit neuen Fabelsinnen zu erfinden«. Im Vorwort zu einer Anthologie kubanischer Dichtung bis zum 19. Jahrhundert steht eine Frage, die ihre Antwort implizit enthält und die jene Idee vervollständigt: »Was könnte für einen Dichter wichtiger sein als die tiefgreifende Kenntnis seiner Heimat, und zwar so, daß seine Intuitionen von der strengsten wissenschaftlichen Kenntnis begleitet werden.«

Man muß nicht auf biographische Daten zurückgreifen. Leben und Werk sind offenkundig autochthon. Wenige kubanische Schriftsteller haben so glänzende Seiten über Kuba und Lateinamerika geschrieben wie er. Und nur Unbedachte kann es verwirren, daß man bei ihm auch wunderbare Texte über andere Kulturgegenden findet. Der ökumenische Geist bricht, wie seine erste Dichtung *Muerte de Narciso*, mit betörender Überraschung herein: »von Pore zu Pore, von Pore zu Stern«.

Rechtschaffenheit zeichnet seine Ethik aus. Würde und Bürgersinn bilden bei ihm einen organischen Widerstand gegen die Zeit, eine unerschütterliche Säule. Es ist nur recht und billig, wenn wir auch die ethischen Lektionen, die er uns hinterlassen hat, bewundern.

Wenn wir sein Leben überblicken, stellen wir fest, daß er im Rahmen seiner Schriftstellertätigkeit, in der Einsamkeit eines täglichen Lesens und Schreibens, das ihm auch ein beständiger Kampf gegen die Trägheit war, die Treue zu seinen Grundsätzen und denselben Mut aufrechterhielt, den er in seiner Jugendzeit bewiesen hatte, als er am 30. September 1930 an der historischen Demonstration gegen die Regierung teilnahm. Sein Asthma und die zunehmende Fettleibigkeit setzten ihm Grenzen, aber die häusliche Unbeweglichkeit hinderte ihn nicht, seine Pfeile gegen die Korruption, den Niedergang und die Gewöhnlichkeit zu schleudern, die charakteristisch für die schwächliche und verstümmelte Republik waren. Weder in den Zeitschriften, die er gegründet und geleitet hat – von *Verbum* bis zur eindrucksvollen und vielbeachteten *Orígenes* (1944-56) –, noch in irgendeinem seiner Texte oder in seinen Handlungen finden wir die geringste Konzession an die politische Kannengießerei, die Geschäftigkeit und die billige Anbiederung an volkstümliche Haltungen. Beim Sieg der Revolution von 1959 stellte er sich neben die Mehrheit der Bevölkerung und schrieb: »Zum Besten der kubanischen Revolution, die gegen die Ära des Wahnsinns, der Auflösung, des falschen Reichtums aufgestanden ist, gehört es, erneut den Geist strahlender Armut gebracht zu haben, des Armen, der von den Gaben des Geistes überfließt.« Dem Beispiel José Martís folgend, dessen Spur in Dutzenden von Texten zu verfolgen ist, bejubelte er es, daß die nationale Eigenständigkeit zurückgewonnen worden war: »Die kubanische Revolution bedeutet, daß alle negativen Zauberformeln unschädlich gemacht worden sind«, schreibt er 1960. Und im selben Essay: »Martí, wie der verhexte Hernando de Soto, ist begraben und wieder ausgegraben worden, bis er seinen Frieden gefunden hat. Der Stil der Armut, die unerhörten Möglichkeiten der Armut haben bei uns wieder eine feierliche Fülle erhalten.«

In seiner stolzen Demut betrachtete Lezama verbittert seine Heimat, die sich an den nördlichen Nachbarn verkauft hatte und die in materiellem und geistigem Elend lebte. Deshalb zögerte er nicht zu erklären: »Der 26. Juli bedeutet für mich wie für sehr viele Kubaner, die von der Möglichkeit ergriffen sind, das Bild und das Labyrinth.« Es ist bekannt, daß Lezama kein Marxist war, aber nach dem Tod Ernesto Che Guevaras in Bolivien schrieb er einen bewegenden Text, an dessen Ende es heißt. »Wie von einem neuen Viracocha erwartete man von ihm alle Pfeile der Möglichkeit, und jetzt erwartet man alle Wunder des Traums.«

Sein Stil hat nicht wenig zu der falschen Vorstellung beigetragen, Lezama sei sozial und politisch nicht interessiert gewesen. Man braucht nur jene Art editorischer Vorbemerkungen der Zeitschrift *Orígenes* nachzulesen, um von der ersten Nummer aus dem Jahr 1944 an festzustellen, daß das Gegenteil der Fall ist. Dort zum Beispiel zeigt er ausdrücklich die herrschende Situation im Land auf: »Wenn das Leben Vorrang vor der Kultur hat – eine Dichotomie, die im übrigen nur aus Naivität oder Böswilligkeit aufgemacht werden kann –, zeigt das an, daß diese als eine Art Dekoration aufgefaßt wird. Wenn die Kultur abgetrennt von ihren Wurzeln agiert, ist sie eine ärmliche, schiefe und übelriechende Angelegenheit.« Zur Zeit der Diktatur, 1954, wagte er zu schreiben: »Ihr seid auf ganz elementare Weise unfähig zu staunen. Ihr seid Vertreter des *nihil admirari,* des Schilds der ältesten Dekadenz. Ihr habt das Haus aus bröckeligem Material gebaut, ausgelotet von Affen und mit auf Spirituskochern gebackenen Steinen.«

Da er in Verachtung und Gleichgültigkeit für eine Marionettenregierung aufgewachsen war und da er die Menschen und die Umstände kannte, wählte er das Schweigen als Antwort auf die Diskriminierung, von der er sich von 1971 an bis zu seinem Tod 1976, umgeben sah. Unter seiner »strahlenden Armut« zog das Volk vorbei. Die Schlußverse seines wohl letzten Gedichts »Der Pavillon der Leere«, das mit April 1976 datiert ist, lauten: »Die Dürre in der Leere / ist der erste und letzte Weg? / Ich schlafe, in der Tokonoma / verdunste ich den anderen, der den Weg fortsetzt.«

Anmerkungen des Übersetzers

1 Vgl. T. S. Eliot, »Ulysses, Ordnung und Mythos«, in: ders., *Essays II*, Frankfurt 1969, S. 297.
2 Vgl. T. S. Eliot, *Vier Quartette:* East Coker V (Übers. Nora Wydenbruck).
3 Vgl. Z. 524-552.
4 Vgl. Z. 8 und passim.
5 Vgl. Z. 1202.
6 Vgl. *Duineser Elegien:* Die zweite Elegie.
7 Vgl. *Hamlet I*, 2.
8 Vgl. Sueton, *Augustus,* Abschnitt 87.
9 Beginn des ersten kubanischen Unabhängigkeitskriegs.
10 Vgl. Sueton, *Augustus* Abschnitt 92.
11 Vgl. Saint-Simon, *Erinnerungen,* Karlsruhe-Stuttgart 1969, S. 203: Der Text bezieht sich auf das Jahr 1709.
Lezama Lima schreibt abweichend: »das durch Intrigen und mit der Hilfe Roms nicht auf den Index gesetzt worden war«.
12 Vgl. Christoph Kolumbus, *Bordbuch,* Eintragung unter dem 11. Oktober, Frankfurt 1981, S. 42.
13 Vgl. Marco Polo, *Von Venedig nach China,* Tübingen/Basel 1972 ([4]1976), II,1.
14 Vgl. W. H. Hudson, *The Purple Land* (1885), spanische Übersetzung: *La tierra purpúrea* (1928), deutsche Übersetzung: *Roman in Uruguay,* Berlin-Wien-Leipzig 1930; darin Kapitel 19: »Geschichten aus dem purpurroten Land«.
15 Vgl. Marco Polo, a. a. O. I,16 und 17.
16 Vgl. das Kapitel »Die Neue Welt« in: G. W. F. Hegel, *Die Vernunft in der Geschichte,* Hamburg 1980.
17 Vgl. Bernal Díaz del Castillo, *Wahrhafte Geschichte der Entdekkung und Eroberung von Mexiko,* Frankfurt 1981, S. 88 f.: »Wie die Gesandten Moteczumas Geschenke brachten.«
18 Vgl. a. a. O. S. 62: »Wie Cortés versuchte, zwei von den Indianern gefangene Spanier auf friedliche Weise freizubekommen.«
19 Vgl. Ovid, *Metamorphosen* III, 131-252.
20 Vgl. Plinius, *Naturkunde* X,23.
21 Vgl. Wilhelm Worringer, *Formprobleme der Gotik,* München 1922 ([1]1911), S. 28, 79 f., 85 f., 105.
22 Vgl. Werner Weisbach, *Der Barock als Kunst der Gegenreformation,* Berlin 1921.
23 Vgl. Inca Garcilaso de la Vega, *Comentarios reales* – Primera parte:

»Advertencia acerca de la lengua general de los Indios del Peru« sowie Buch VI, Kapitel 4.

24 Vgl. Baltasar Gracián, *El Criticón* II,3.

25 Vgl. Charles Baudelaire, *Journaux intimes,* Fusées XII,18, in: *Oeuvres complètes,* Bd. 1, Paris 1975, S. 661.

26 Vgl. Hernando Domínguez Camargo, *San Ignacio* I,2,72.

27 Vgl. Francisco de Quevedo, »Retrato de Lisi«.

28 Vgl. Pedro Soto de Rojas, *Paraiso cerrado para muchos, jardines abiertos para pocos* II,277.

29 Vgl. Hernando Domínguez Camargo, *San Ignacio* IV,4,162.

30 Vgl. Luis de Góngora, *Soledades* II,93.

31 Vgl. Ignatius von Loyola, *Geistliche Übungen* 3.

32 Vgl. ibd. 23.

33 Vgl. Luis de Góngora, *Soledades* I, 824ff. in der Übersetzung von Erich Arendt.

34 Vgl. Sor Juana Inés de la Cruz, *Primero Sueño* 33ff.

35 Vgl. Leopoldo Lugones, »El almuerzo«, in: *Poemas solariegos* (1927), in: *Obras completas,* Madrid 1952, S. 847-51.

36 Vgl. Alfonso Reyes, »Vino tinto«, in: *Minuta* (1917-1931), in: *Obra poetica,* Mexiko 1952, S. 313.

37 Vgl. Cintio Vitier, »Un placer«, in: *El hogar y el olvido* (1946-1949), in: *Vísperas,* La Habana 1953, S. 153-54.

38 Vgl. *Primero sueño* 234ff.

39 Vgl. José Gorostiza, *Muerte sin fin* (1939).

40 Vgl. Karl Vossler, »Die ›zehnte Muse von Mexico‹, Sor Juana Inés de la Cruz«, in: Sitzungsprotokolle der Bayerischen Akademie der Wissenschaften. Philosophisch-Historische Abteilung, Jahrgang 1934, Heft 1, München 1934.

41 Vgl. Sor Juana Inés de la Cruz, *Loa* zu *El divino Narciso.*

42 Der heilige Christopherus ist der Schutzheilige von San Cristóbal de la Habana.

43 Vgl. Inca Garcilaso de la Vega, *Comentarios reales* – Primera parte: Buch V, Kapitel 29.

44 Es geht jetzt um die Säkularisierungspolitik Napoleons.

45 Vgl. Fray Servando Teresa de Mier, *Memorias. Apología del Doctor Mier* (1817-20). Hrsg. Antonio Castro Leal, Mexiko 1946, Bd. I, S. 1-220.

46 Vgl. Fray Servando Teresa de Mier, *Memorias. Relación de lo que sucedió en Europa,* Kap. IV, Hrsg. Antonio Castro Leal, Mexiko 1946, Bd. II, S. 18-20.

47 Vgl. a. a. O. Bd. I, S. 237.

48 Vgl. a. a. O. Bd. I, S. 235.

49 Vgl. a. a. O. Bd. I, S. 241.
50 Vgl. Brief Bolívars an Rodríguez vom 19. 1. 1824.
51 Am 15. 8. 1805.
52 Überliefert von Manuel Uribe Angel nach einem Gespräch mit Rodríguez.
53 Die Modellschule, in der Rodríguez versucht hatte, seine pädagogischen Ideen von einer Volksbildung zu verwirklichen, war dort geschlossen worden.
54 Vgl. Brief vom 30. 9. 1827.
55 Vgl. *El Libertador del Mediodía de América* (1830).
56 Vgl. Paul Marcoy, *La terre et ses habitants,* Bd. II.
57 Vgl. die Romanze »La mañana de San Juan« aus dem *Romancero viejo.*
58 Vgl. José Hernández, *El gaucho Martín Fierro,* Buenos Aires 1872.
59 Vgl. a. a. O. I,14.
60 Vgl. a. a. O. I,19.
61 Vgl. a. a. O. II,1.
62 Vgl. a. a. O. II,15.
63 Vgl. a. a. O. II,20.
64 Vgl. a. a. O. II,22.
65 Vgl. a. a. O. III,49-52.
66 Vgl. a. a. O. III,30.
67 Vgl. Marco Polo, a. a. O. I,5.
68 Vgl. etwa Apollinaire, »L'Esprit nouveau et les Poètes« (1917/18) und die 1919 von Amédée Ozenfant, Paul Dermée, und Charles Edouard Jeanneret (Le Corbusier) gegründete und von 1920-1925 erschienene Zeitschrift *L'Esprit Nouveau.* Revue internationale d'esthétique.
69 Vgl. Charles Baudelaire, »Richard Wagner et *Tannhäuser* à Paris« (1861); aufgenommen in *L'art romantique* (1868); jetzt in: *Œuvres complètes* Bd. II, Paris 1975, S. 779-815. Die Schauspielerin Jeanne Samary (1857-1890) wird dort verständlicherweise nicht erwähnt; Ludwig von Bayern ebenfalls nicht.
70 Vgl. Julius Petersen, *Wissenschaft von der Literaturgeschichte,* Heidelberg 1914 sowie *Die literarischen Generationen*, Berlin 1930, mit ausführlichem Überblick über die Geschichte der Generationstheorien.
71 Vgl. Herodot, *Historien* II,44 (Übers. A. Horneffer). Zu Tyro von Phönizien vgl. Homer, *Odyssee*, XI 235–259.
72 Vgl. Herodot, *Historien,* I,71 (Übers. A. Horneffer).
73 Vgl. Friedrich Wilhelm Joseph Schelling, *Ideen zu einer Philosophie*

der Natur als Einleitung in das Studium dieser Wissenschaft (1797), in: *Schriften 1794-98*, Darmstadt 1980, S. 380: »Die Natur soll der sichtbare Geist, der Geist die unsichtbare Natur sein.«

74 Vgl. José Hernández, *La vuelta de Martín Fierro*, Buenos Aires 1879.

75 Vgl. Joseph van der Elst, *The Last Flowering of the Middle Ages*, Port Washington, N. Y. 1969 ([1]1944), Teil I, Kap. 5, S. 40.

76 Vgl. G. W. F. Hegel, a. a. O.

77 Vgl. Platon, *Charmides* 155 d.

78 Vgl. August L. Mayer, *Gotik in Spanien*, Leipzig 1928, S. 32.

79 Vgl. a. a. .O. S. 42.

80 Vgl. Inca Garcilaso de la Vega, *Comentarios reales* – Primera parte: Buch 2, Kap. 2.

81 Vgl. a. a. O. Buch 4, Kap. 21-24 und Buch 5, Kap. 17-22.

82 Vgl. Hilario Ascasubi, *Aniceto el Gallo, gacetero prosista y gauchipoeta argentino*, als Zeitschrift in Buenos Aires von 1853-59 publiziert; 1872 als Bd. II der *Obras completas*.

83 Die fünf Vorträge wurden im Studienzentrum des *Instituto Nacional de Cultura* am 16., 18., 22., 23., und 26. Januar 1957 in Havanna gehalten.

Lateinamerikanische Literatur
im Suhrkamp Verlag

»Imagination, Sensibilität, Liebenswürdigkeit, Sinnlichkeit, Melancholie, eine gewisse Religiosität und ein gewisser Stoizismus gegenüber dem Leben und dem Tode, ein tiefes Gefühl für das Jenseitige und ein nicht weniger ausgeprägter Sinn für das Hier und Jetzt ... Lateinamerika ist eine Kultur.«

Octavio Paz

Ciro Alegría: Die hungrigen Hunde. Roman. Deutsch von Wolfgang A. Luchting. Mit einem Nachwort von Walter Boehlich. st 447

Jacques Stéphen Alexis: Der verzauberte Leutnant. Erzählungen. Aus dem Französischen von Ewald Czapski. Nachwort von Hans Christoph Buch. BS 830

Isabel Allende: Eva Luna. Roman. Aus dem Spanischen von Lieselotte Kolanoske. Gebunden und st 1897

– Das Geisterhaus. Roman. Aus dem Spanischen von Anneliese Botond. Gebunden, st 1676 und st 1901

– Die Geschichten der Eva Luna. Aus dem Spanischen von Lieselotte Kolanoske. Gebunden

– Von Liebe und Schatten. Roman. Aus dem Spanischen von Dagmar Ploetz. Gebunden und st 1735

Jorge Amado: Die Abenteuer des Kapitäns Vasco Moscoso. Roman. Aus dem brasilianischen Portugiesisch von Curt Meyer-Clason. BS 850

– Die drei Tode des Jochen Wasserbrüller. Erzählung. Aus dem brasilianischen Portugiesisch von Curt Meyer- Clason. BS 853

Reinaldo Arenas: Wahnwitzige Welt. Ein Abenteuerroman. Aus dem Spanischen von Monika López. st 1350

José María Arguedas: Die tiefen Flüsse. Roman. Aus dem Spanischen von Suzanne Heintz. st 588

Miguel Angel Asturias: Der Böse Schächer. Roman. Aus dem Spanischen und mit einem Nachwort und Anmerkungen von Ulrich Kunzmann. BS 741

– Legenden aus Guatemala. Mit einem Vorwort von Paul Valéry. Illustrationen nach alten indianischen Motiven. Aus dem Spanischen von Fritz Vogelgsang. BS 358

– Der Spiegel der Lida Sal. Erzählungen und Legenden. Aus dem Spanischen von Wolfgang Promies. BS 720

Miguel Barnet: Alle träumten von Cuba. Die Lebensgeschichte eines galicischen Auswanderers. Roman. Aus dem Spanischen von Anneliese Botond. st 1577

111/1/9.91

Lateinamerikanische Literatur im Suhrkamp Verlag

Der Cimarrón. Die Lebensgeschichte eines entflohenen Negersklaven aus Cuba, von ihm selbst erzählt. Nach Tonbandaufnahmen herausgegeben von Miguel Barnet. Aus dem Spanischen von Hildegard Baumgart. Mit einem Nachwort von Heinz Rudolf Sonntag und Alfredo Chacón. st 346

– Ein Kubaner in New York. Roman. Aus dem Spanischen von Monika López. Gebunden

– Das Lied der Rahel. Mit einem Nachwort von Miguel Barnet. Aus dem Spanischen von Wilhelm Plackmeyer. st 966

Adolfo Bioy Casares: Fluchtplan. Roman. Aus dem Spanischen von Joachim A. Frank. st 378

– Die fremde Dienerin. Phantastische Erzählungen. Aus dem Spanischen von Joachim A. Frank. PhB 113. st 962

– Liebesgeschichten. Aus dem Spanischen von René Strien. Gebunden und st 1701

– Morels Erfindung. Roman. Mit einem Nachwort von Jorge Luis Borges. Aus dem Spanischen von Karl August Horst. BS 443 und PhB 106. st 939

– Schlaf in der Sonne. Roman. Aus dem Spanischen von Joachim A. Frank. st 691

– Tagebuch des Schweinekriegs. Roman. Aus dem Spanischen von Karl August Horst. st 469

– Der Traum der Helden. Roman. Aus dem Spanischen von Joachim A. Frank. Gebunden und st 1185

Ignácio de Loyola Brandão: Kein Land wie dieses. Aufzeichnungen aus der Zukunft. Aus dem brasilianischen Portugiesisch von Ray-Güde Mertin. es 1236

– Null. Prähistorischer Roman. Aus dem Brasilianischen und mit einem Nachwort von Curt Meyer-Clason. Gebunden und st 777

João Cabral de Melo Neto: Erziehung durch den Stein. Gedichte. Portugiesisch und Deutsch. Übersetzt und mit einem Nachwort versehen von Curt Meyer-Clason. BS 713

Guillermo Cabrera Infante: Drei traurige Tiger. Roman. Aus dem kubanischen Spanisch von Wilfried Böhringer. Leinen und st 1714

– Rauchzeichen. Aus dem Englischen von Joachim Kalka. st 1750

Ernesto Cardenal: Gedichte. Spanisch und deutsch. Übertragung von Stefan Baciu und Anneliese Schwarzer de Ruiz. BS 705

Alejo Carpentier: Barockkonzert. Novelle. Aus dem Spanischen von Anneliese Botond. BS 508

111/2/9.91

Lateinamerikanische Literatur im Suhrkamp Verlag

Julio Cortázar: Letzte Runde. Aus dem Spanischen von Rudolf Wittkopf. es 1140

– Das Observatorium. Aus dem Spanischen von Rudolf Wittkopf. Mit Fotos von Julio Cortázar unter Mitarbeit von Antonio Gálvez. es 1527

– Oktaeder. Erzählungen. Aus dem Spanischen von Rudolf Wittkopf. st 1295

– Passatwinde. Erzählungen. Aus dem Spanischen von Rudolf Wittkopf. st 1370

– Rayuela. Himmel und Hölle. Roman. Aus dem argentinischen Spanisch von Fritz Rudolf Fries. Leinen und st 1462

– Reise um den Tag in 80 Welten. Aus dem Spanischen von Rudolf Wittkopf. es 1045

– Unzeiten. Erzählungen. Aus dem Spanischen von Rudolf Wittkopf. Leinen

– Der Verfolger. Erzählungen. Aus dem Spanischen von Fritz Rudolf Fries, Wolfgang Promies und Rudolf Wittkopf. Gebunden

– Der Verfolger. Erzählung. Aus dem Spanischen von Rudolf Wittkopf. BS 999

Carlos Drummond de Andrade: Gedichte. Portugiesisch und deutsch. Auswahl, Übertragung und Nachwort von Curt Meyer-Clason. BS 765

Der Frauenheld. Geschichten der Liebe aus Lateinamerika. Herausgegeben und mit einem Nachwort versehen von Michi Strausfeld. st 1296

Carlos Fuentes: Nichts als das Leben. Roman. Deutsch von Christa Wegen. st 343

Fernando Gabeira: Die Guerilleros sind müde. Aus dem brasilianischen Portugiesisch übersetzt und herausgegeben von Henry Thorau und Marina Spinu. Nachwort von Hans Füchtner. st 737

Rómulo Gallegos: Canaima. Roman. Aus dem Spanischen übertragen von Doris Deinhard. st 1639

Elena Garro: Erinnerungen an die Zukunft. Roman. Aus dem mexikanischen Spanisch von Konrad Schrögendorfer. Mit einem Nachwort von Michi Strausfeld. st 1647

Nicolás Guillén: Gedichte. Spanisch und deutsch. Auswahl und Nachwort von Dieter Reichardt. BS 786

João Guimarães Rosa: Doralda, die weiße Lilie. Roman. Aus dem brasilianischen Portugiesisch von Curt Meyer-Clason. BS 775

Ferreira Gullar: Schmutziges Gedicht. Poema Sujo. Portugiesisch und deutsch. Übertragung und Nachwort von Curt Meyer-Clason. BS 893

111/4/9.91

Lateinamerikanische Literatur im Suhrkamp Verlag

Felisberto Hernández: Die Hortensien. Erzählungen. Mit einem Nachwort von Julio Cortázar. Aus dem Spanischen von Anneliese Botond. BS 858

Jorge Ibargüengoitia: Die toten Frauen. Roman. Aus dem Spanischen von Peter Schwaar. BS 1059

Oswaldo França Junior: Jorge, der Brasilianer. Roman. Aus dem brasilianischen Portugiesisch von Inés Koebel. es 1571

Lateinamerikaner über Europa. Herausgegeben von Curt Meyer-Clason. es 1428

José Lezama Lima: Die amerikanische Ausdruckswelt. Aus dem kubanischen Spanisch von Gerhard Poppenberg. es 1457

– Paradiso. Roman. Aus dem Spanischen von Curt Meyer-Clason unter Mitwirkung von Anneliese Botond. st 1005

Osman Lins: Avalovara. Roman. Mit einem Nachwort von Modesto Carone Netto. Aus dem Brasilianischen von Marianne Jolowicz. Leinen

– Die Königin der Kerker Griechenlands. Roman. Aus dem brasilianischen Portugiesisch von Marianne Jolowicz. Gebunden und st 1431

– Verlorenes und Gefundenes. Erzählungen. Aus dem Brasilianischen von Marianne Jolowicz. Gebunden

Clarice Lispector: Der Apfel im Dunkeln. Roman. Aus dem brasilianischen Portugiesisch von Curt Meyer-Clason. BS 826

– Die Nachahmung der Rose. Übertragung aus dem Brasilianischen und Nachwort von Curt Meyer-Clason. BS 781

– Nahe dem wilden Herzen. Roman. Aus dem brasilianischen Portugiesisch von Ray-Güde Mertin. Gebunden und BS 847

– Die Passion nach G. H. Roman. Aus dem brasilianischen Portugiesisch von Christiane Schrübbers und Sarita Brandt. st 1724

– Die Sternstunde. Aus dem brasilianischen Portugiesisch von Curt Meyer-Clason. BS 884

Joaquim Maria Machado de Assis: Dom Casmurro. Roman. Aus dem Brasilianischen von Harry Kaufmann. BS 699

– Quincas Borba. Roman. Aus dem brasilianischen Portugiesisch und mit einem Nachwort von Georg Rudolf Lind. BS 764

Angeles Mastretta: Mexikanischer Tango. Roman. Aus dem Spanischen von Monika López. Gebunden, st 1787 und st 1913

Raduan Nassar: Ein Glas Wut. Novelle. Aus dem Portugiesischen von Ray-Güde Mertin. es 1619

Pablo Neruda: Gedichte. Spanisch und deutsch. Übertragung und Nachwort von Erich Arendt. BS 99

111/5/9.91

111/6/9.91

111/7/9.91

111/8/9.91

Lateinamerikanische Literatur im Suhrkamp Verlag

César Vallejo: Gedichte. Spanisch und deutsch. Übertragung und Nachwort von Hans Magnus Enzensberger. BS 110

Mario Vargas Llosa: Gegen Wind und Wetten. Literatur und Politik. Aus dem Spanischen von Elke Wehr. es 1513

– Der Geschichtenerzähler. Roman. Aus dem Spanischen von Elke Wehr. Gebunden

– Gespräch in der Kathedrale. Roman. Deutsch von Wolfgang A. Luchting. st 1015

– Das grüne Haus. Roman. Deutsch von Wolfgang A. Luchting. st 342

– Der Hauptmann und sein Frauenbataillon. Roman. Aus dem Spanischen von Heidrun Adler. st 959

– Die jungen Hunde. Erzählung. Deutsch von Alexander Luchting. Mit einem Nachwort von José Miguel Oviedo. st 1841

– Der Krieg am Ende der Welt. Roman. Aus dem Spanischen von Anneliese Botond. Gebunden und st 1343

– La Chunga. Ein Stück. Aus dem Spanischen von Dagmar Ploetz. es 1555

– Lob der Stiefmutter. Roman. Aus dem Spanischen von Elke Wehr. Mit Abbildungen. Leinen und BS 1086

– Maytas Geschichte. Roman. Aus dem Spanischen von Elke Wehr. Gebunden und st 1605

– Die Stadt und die Hunde. Roman. Aus dem Spanischen von Wolfgang A. Luchting. st 622

– Tante Julia und der Kunstschreiber. Roman. Aus dem Spanischen von Heidrun Adler. Gebunden und st 1520

– Wer hat Palomino Molero umgebracht? Roman. Aus dem Spanischen von Elke Wehr. Gebunden und st 1786

111/9/9.91

Lateinamerika
im Suhrkamp Verlag und Insel Verlag

Aus der Welt der Azteken. Die Chronik des Fray Bernardino de Sahagún. Mit einem Vorwort von Juan Rulfo. Übersetzungen von Leonhard Schultze Jena, Eduard Seler und Sabine Dedenbach-Salázar. Ausgewählt und mit einem Nachwort versehen von Claus Litterscheid. Leinen

Augusto Boal: Theater der Unterdrückten. Übungen und Spiele für Schauspieler und Nicht-Schauspieler. Aus dem Brasilianischen von Henry Thorau und Marina Spinu. es 1361

Bernal Diaz del Castillo: Geschichte der Eroberung von Mexiko. Herausgegeben und bearbeitet von G. A. Narciß. Mit zahlreichen Abbildungen. it 1067

Gregorio Condori Mamani: »Sie wollen nur, daß man ihnen dient ...« Autobiographie. Aus dem Spanischen von Karin Schmidt. es 1230

Klaus Eßer: Lateinamerika. Industrialisierungsstrategien und Entwicklung. es 942

Tulio Halperin Donghi: Geschichte Lateinamerikas von der Unabhängigkeit bis zur Gegenwart. Aus dem Spanischen von Elke Wehr. Leinen

Alexander von Humboldt: Reise in die Neue Welt. Reise in die Äquinoktial-Gegenden des Neuen Kontinents. Herausgegeben von Ottmar Ette mit Anmerkungen zum Text, einem Nachwort und zahlreichen zeitgenössischen Abbildungen sowie einem farbigen Bildteil. 2 Bände in Kassette

Christoph Kolumbus: Bordbuch. Mit einem Nachwort von Frauke Gewecke und zeitgenössischen Illustrationen. it 476

Franz Xaver Kroetz: Brasilien–Peru-Aufzeichnungen. st 1802
– Nicaragua-Tagebuch. Roman. st 1801

Der lange Kampf Lateinamerikas. Texte und Dokumente von José Martí bis Salvador Allende. Herausgegeben und mit einer Einleitung versehen von Angel Rama. st 812

Bartolomé de Las Casas: Kurzgefaßter Bericht von der Verwüstung der Westindischen Länder. Herausgegeben von Hans Magnus Enzensberger. Deutsch von D. W. Andreä. it 553

Lateinamerikaner über Europa. Herausgegeben von Curt Meyer-Clason. es 1428

Elena Poniatowska: Stark ist das Schweigen. Vier Reportagen aus Mexiko. Aus dem mexikanischen Spanisch übersetzt von Anna Jonas und Gerhard Poppenberg. st 1438

113/1/9.91

113/2/9.91